目录

译者序

与世界对话的东方人——铃木大拙

三十年前，笔者有缘，在工作之余的周末，常常坐上横须贺线火车，在北镰仓站下车。横穿几步越过铁轨，眼前就是圆觉寺——一个临济禅宗的寺院。而它山门斜对着的，就是规模稍小的东庆寺了。东庆寺，是许多日本文豪的永眠之地，有缘人或在喜爱的作家墓前小坐，轻浇上清泓一瓢，也是欣然的片刻。笔者那时在耽读小林秀雄的作品，到东庆寺也是去谒拜小林。但去多了，发觉自己常常在一座碑前伫立——那是铃木大拙居士的墓碑。在一侧的小山岗上，就是他创立的松冈文库。笔者就是从那时候开始，阅读铃木大拙的佛教著作的。

一

作为一名佛教学者，为了东方的禅学得以在西方传播，铃木大拙很早便用英文进行有关禅的写作。怀着东方与西方通古同今的梦想，他开始了前所未闻的事业，一生著作等身，取得了伟大的成就，被誉为"世界禅者"。

1870年，铃木大拙（本名贞太郎）出生于日本石川县金泽市，排行老四，家里是旧制藩医。幼年丧父的他，家计贫穷，高中时代就退学，当了一名英语教师。为了有机会进一步深造，大拙来到了东京，经同乡和同年级同学西田几多郎的推荐，进入了东京帝国大学学习。西田日后成为现代日本的大哲学家，开创了京都学派。

大学在学中，大拙跟随日本明治时代的临济宗神僧——今北洪川，在镰仓的圆觉寺学习禅修。洪川圆寂后，他又随圆觉寺住持释宗演，继续参禅。现如今英文世界里，禅，被称为"Zen"——正是释宗演禅师，最初把这一词语传入欧美。

基于"大巧若拙"一语，宗演为贞太郎起了"大拙"这个居士号。在圆觉寺禅修时，大拙遇见了同在该寺参禅的美国人比阿特丽丝女士。日后，大拙41岁那年和她结婚了。

缘于宗演的介绍，大拙27岁赴美，在一位东方学学者所经营的出版社，从事有关东方学的书籍出版、翻译等工作。在滞留的11年里，他把《大乘起信论》等著作翻译成英文，同时，也用英文写了几本关于禅的著作，对禅学和佛教在西方的广泛传播，做了很大贡献。

39岁那年，大拙回到了日本，还是住在镰仓圆觉寺。后来，他搬到京都，任大谷大学教授，创立了东方佛教协会，还创办了英文杂志《东方佛教》。这本杂志一直到现在，还在出版发行，可见其影响之大。

在学问研究的领域几十年，到处可见大拙辛勤的身影。一直伴随身旁的比阿特丽丝，在他69岁那年离开了这个世界。大拙在悲痛中，意识到自己还有许多要做的工作，于1941年和东庆寺的住持一起，创立了专职研究机构"松冈文库"。1950年到1958年间，他再度赴美，作为客座教授，在哥伦比亚大学、哈佛大学等知名大学教习有关禅的思想，使禅学在美国社会得到了相当广泛的传播。半世纪后，影响世界的苹果公司的创始人乔布斯，酷爱禅学，算来也是大拙的隔代弟子吧。

88岁那年，大拙回国，继续追求在学问的道路上，直到1966年，他95年的人生舞台，大幕静静地落下了。

二

铃木大拙把一生都投入到禅的研究上，不遗余力地向西方弘扬禅宗的佛教思想和文化。他基于自己实际开悟的经验，运用圆熟的欧美语言，将禅的思想嫁接其上，毕其一生，专其一事，取得了极高的成就。他的初心究竟是如何的呢？

他说道：

与西方相比，虽然西方的优点我们必须学习，但东方也有数不清的优点，也必须要让西方人知道……特别是在哲学和宗教方面，要做的事情太多了，这就是我一直以来工作的动机。

东方和西方，是思想和背景不同的两个文化圈。大拙怀着传扬禅文化的使命感，学习西方的语言，并把"不立文字"、排除语言表达的禅学，以西方人容易理解的方式加以阐述。他写了120多部著作，其中30多部是英文著作，为的就是在两个文化圈之间搭建一座沟通和交流的桥梁。

他又说：

语言就是语言，没有在它之上的东西。语言描述不符合事实时，我们就要抛弃语言，回归事实。逻辑在实践中有用处时，就利用它；没功效时，或超越了一己的境界时，我们就要停止使用逻辑了……

东方的心，就是"无心"，天地相连，到无限处也不分开。西方则是二元世界，那里存在对立，一方以力支配另一方。

大拙说出了他的结论：

草木不说只有我是真正的绿色，而排除其他；各有各的绿色，应该是自己的绿和其他的绿一起，绿尽漫山遍野，直到天际。

大拙就是抱着这样的初心，驰骋在与世界对话的梦想里的。

三

禅宗是推崇个人主义的，除了我们与精神相关的活动，没有什么是真实的。在中国的禅者看来，对超乎人类经验和需要洞察的事物来说，语言只能说是思想的负担。他们渴望与事物的本质直接交流，外在诸相对他们而言，是觉察真实的障碍。禅宗的"不立文字"，正是就此处而言。禅在中国，强调一己的独立体验，"教外别传"。

这在一般人来说，除了期待顿悟之外，难以遵循渐修的方法。中国禅学走向世界，从一开始就面临着困难。它在古老的中华大地上行走，但在西方的天空上，却只是颗遥远的星星。即使到了十九世纪，除了东亚以外，似乎还没有一种西方的语言，对禅学的教义进行过充分的阐述。

十九世纪末，铃木大拙面临的就是这样一种困境，他要打破它。禅，主张心外无物，只有贯穿对立的两极，才能获得真理。大拙有自身开悟的经验，从一己的经验出发，重新运用异国的语言和文化去诉说教义，此时语言就有了特别的角度，它直入人心。大拙此举，正是试图将"禅"的思维方式，借助西方人熟悉的观念表达出来。

但是，我们不能简单地将这一努力理解为宗教推广的努力，铃木大拙如此努力地弘扬禅学，是因为他看到"现代生活越来越远离大地""机械文化套在现代人身上的铁锁越来越紧"。西方的现代文明，在取得巨大成就的同时，也对人类的精神生活造成了巨大的空虚感。在大拙看来，当我们的精神开始越来越追逐外物时，心浮气躁，使得我们渐渐失去了接地气的稳定与平和。而禅因其对于身心的洞察和认识，不失为现代文明的二元对立世界中的一服良药。从这点来说，铃木大拙是西方文明的反思者和对话者，他用"禅"的观念，对西方文明的思想困局，做出了自己的回应。

如此，禅这一片有生命的叶子，从中国南方的一条小溪，流向了东瀛，又承载了外邦的智慧，流入太平洋，让世界看到了东方生命的颜色。

四

禅风西渐，到现在已经一百多年了。在全球化的影响下，工业化、信息化文明在世界范围内取得了巨大的进步。然而，在物质生活大为丰富的前提下，人们消费主义的价值观大行其道，而在精神上，他们依然面临着莫大的空虚感。于是，大众开始寻觅更直接易懂而实用的观念，用以安抚在快速变化的环境下，那颗焦躁不安的心。对物质主义的不满，使许多人重新思考清贫的意义，从传统文化中寻根，以此平衡这嘈杂而易于失控的生活。"禅"，正是属于这样的传统文化的系谱。

禅在千年之前东渡日本，百余年前传入欧美。文化和思想的翻译殊非易事，铃木大拙所表达的都是地道的中国禅宗观念，但他借鉴了日本禅所消化的精粹，又借用了欧美文化和语言加以解释。对于当代国人而言，即使那仿佛是异乡的舶来品，但其中也融合了异文化的花香，而禅的本质，却如定海神针般，全然没有漂移半分。我们完全可以敞开胸怀，去迎接这个满世界兜了一圈后，归来的故人。所幸的是，我们仍然能一起沟通和重温祖宗的思想，并且，因了故人身上五湖四海的见闻，得以不断地增加对这个世界的新知。

读铃木这本禅的著作，我们会欣喜地发现，古老的禅经历千年漂泊，洄流归来，仍是那个少年，生机勃勃。在这纷扰的世界里，它一样给人以温暖清新的慰藉和源源不断的内生力量。

本书的参考文献包含诸多的佛教典籍以及其他经典文献，引用了其中的经文或语句。关于这些典籍的引述和相关注释，在此略加说明。在本书中，"*"所标是原著作者铃木氏所作的注释。页中脚注是译者所整合添加的注释。为了方便读者查阅，还有一些括注也为译者所加，用不同字体字号标出，以区分原文括注。另外，本书引用的佛教典籍的出处和简介，参考网络上的内容，整理在书后的"主要典籍一览"里；书中的引述则一般使用该文献的略称。这样一来便于阅读，二来可使排版更为清晰。

最后，对本书出版过程中，给予我帮助的雅众文化方雨辰老师和各位编辑老师们表示感谢，并向翻译中一直支持我的家内吴琦女士致以深深的谢意。

高海阳

2020年7月

作者自序

本书是作者从自己过去四五十年间的著作里，选出论述有关禅的本质的几章，编辑而成的小书。读者一读，即可大概了解近代的禅究竟是如何的。当然，禅不仅仅要懂得，而且要有亲身的体会才行，此事在这里无须赘言。

那么，如何才算是懂得呢？在不同的时代和场合，它的含义也会有所变化。一千多年前，在东方的某地形成的东西（禅），一成不变地强加于当今世界的一般读者，肯定是行不通的。特别是对有着不同文化和历史背景的欧美人来说，把我们东方人往昔的作品，毫无更改地呈示给他们，并要求他们能弄懂——这似乎是件困难的事情。在海外弘扬禅学，只靠中文甚至是日文的表现方法，实际上是此路不通的。

就以英语来表现禅来说，与古老的禅录相隔甚远的表现方法，在禅的看法上，反而有可能提出一些新的见地。从英文把这些观点译成日文，在此意义上，我相信也是不无裨益的。

禅学，是灵性在中国诞生、发展，并且高度完成的产物。中文的表现，自然是基于中国的民族心理特点，将禅的妙处挥洒得淋漓尽致。然而，禅被移植到别的民族和语言时，它的妙处往往就有些变味了，这真是无奈。正因如此，我们更应放开心胸，引入异质的文化和情调，做到有备而来。特别是经历了"二战"的当今世界，各国不再是各自封闭的世界，而是各国人民携手并肩、友好相处的世界；是一个增进相互理解，共存共荣，大家互相帮助的世界。那种只为一己的利益，而打击和消灭对方的态度，必将遭到时代的遗弃。我们作为东方人，不能只想着自己得好处，而要有屈己容人的雅量。禅学也同样，不应拘泥于既往的定型，即使翻译起来会牺牲些许原文的美妙，也要费足够的功夫，使他人能懂得禅的真意。英文翻译成别的语言时也同样如此。

举一个手头的例子。有一本书叫《临济录》，是一千多年前中国唐代的著作。对临济禅来说，这是《圣经》一样的存在，它里头的文字笔力简劲，直入胸臆。如何将它翻译成日文，已然是个问题了，要译成英语，更需要有数倍的努力。即使这样，也只能从文面上捡拾出它知性上的意义，而难以获得文字里面的真知。

有一句经典的话："大用现前，不存轨则。"所谓"大用"，意思是大的效用，但我们不可只停留在文字上理解。效用先不管，"大"却有绝对的意义。什么是"绝对的效用"？比方说，基督教里，神说"要有光"——这就是绝对的效用。释迦牟尼从娘胎出来，即喊叫"天上天下，唯我独尊"——这呐喊也是绝对的效用。这"大用"跳出了自然规律、社会约束及逻辑的法则，不受任何的规则所限制。它是"随处作主，立

10

处皆真"，与索伦·克尔凯郭尔所说的"真理是主观的"异曲同工。我们要反复思考一下，才能懂得这些话的道理，只凭文字上的了解，毕竟不是真知。

　　包括中国和日本在内，东方民族看待事物，总是着眼于事物被一分为二之前的状态，亦即是从事物的里面去观察。这种观察方法和欧美人完全不同，一分为二之后，就产生了能力的分别，主客的对立。两分之前，没有分离的状态下，是无差别、非对立的。这世界上语言文字是第二位的，在这之前一脚踏进去才是第一要义。一般人会发问：这事可能吗？禅的任务，就是要把这不可能变成可能。因此，禅才会讲"不立文字"，教导我们从对立的世界中跳将出来。当然，虽然跳了出来，我们还是要返回语言的世界，否则没法说话；然而，返回是返回了，一旦有过跳出来的经验，我们运用语言文字的方式也会有所改变。研读禅录，我们应该是这样去做的。

　　如此看来，比方说，中文翻译成英文时，它含蓄的一面就会失去，变得有点兴味索然。但是，它的行文却因有了散文风格的一面，而变得富于现代感。包括日本的读者在内，相信对此也逐渐有所体会，这也是本书出版的一个意义所在。实际上，行文至此，这些几十年来写就的东西，内容上也许有增新的必要，此事有待日后进行，如今姑且搁笔。

铃木大拙

1964年12月

第一章

关于禅

在佛教中，禅＊是传承其精神、得其精粹的一个派别。它的精粹就在于体验佛陀成佛得悟（bodhi，菩提）的过程。因此，它对佛陀长年漫游时的说教和说法，拒绝盲从。从这个角度来说，语言或文字，不过是用于指示佛教者生活的起点与终点目标罢了。

＊梵语"dhyana"的发音与"禅那"相似。取其省略形式。

据传，禅学发源于印度，公元六世纪初年由菩提达摩（Bodhidharma）完成并带来中国。但事实上，禅的起源是在中国，由被称为禅宗六祖的慧能（638—713）创始。他把重心从禅定转移至般若（prajna），主张智慧的唤起，事实上，形成了后世广为人知的禅学基础。虽然可以说是禅定导出了智慧，但禅定却不能认作是禅的目标。为什么呢？因为禅的最终意图，正是在于把智慧从深眠的意识底部唤醒。

与智慧相对的，是知识（vijnana）。若说知识指的是我们相当有限的一些知识，那么，智慧就是我们最高级别的直观力。在慧能所在的时代，他反对通过静心禅定而谋求精神专注的偏颇的大众潮流，强调智慧的觉醒。就是说，慧能在佛教的历史发展中，掀起了一场革命。

在印度的哲学思想里，龙树的中观学派指出，"智慧"的意义，就在于它是以直接透视"空"（sunyata）为基础的。但是，中国禅与印度哲学思想最为明显的区别，在于前者毫不关心对离开有限的现世进行抽象的、形而上式的思考这一点。禅的这个特色，从其"问答"的形式来看显露无遗。禅的问答通常直接从生命出发，不容诸如思维和表象等作用的介入，而直接与生命本身发生碰撞。因此，禅学呈现出来的是一副活泼生动、充满活力的面目。

禅的问答里，并不涉及有关神、救赎、启示、罪、饶恕等宗教或精神上通常提出的问题。这个缺失甚为显著。如果禅与我们精神上的欲求毫无关系，那么在日常生活中，智慧的觉醒有怎样的意义呢？禅能在刷洗碗碟中找到救赎吗？耕田时，或是卖东西时，能找到救赎吗？赏花之时，互相问候的时候，能得到什么启示吗？像某些神僧，时而莫名其妙，大喊大叫那样，能得到解脱吗？禅学总是拒绝讨论、立说、说教，或尝试解释。反之，禅说，从自己身上提出来的问题，就从自己身上找出其答案。为什么呢？因为答案总是在提问之中。神僧有言："我说的话，那是我的，不是你的，也不可能成为你的；一切必须是从你自身中发起和成就。"

禅强调智慧必须从自身所生，这点令人深思。禅并不是

16

对佛教从头否定。相反，禅正是在佛教的框架中心处存在。它所教导的主要有两个要素：智慧及慈悲。确实，禅也强调佛教体验中慈悲的一面。而慈悲呢，总是在为其同胞兄弟——智慧的到来助力，从中生出了各种妙用功夫，成为了创造的源泉。

有一位僧人问他师父："体验到觉悟之前的人，是怎样的人?"师父答："跟我们一样，普通人。""那么，觉悟后又如何?""灰满头，土满面。"僧人进一步问道："这究竟结果却是如何?""也只是这样罢了，没啥大不了的。"师父这样回答。

"灰头土面"是典型的禅的表现——一个禅者，为了人类的幸福，一步一步，终其一生竭尽全力的意思。"吃茶去"——这句有名的话，也是禅者对关心社会的一种禅式表现。禅与佛教其他宗派一样，慈悲和智慧，如同车舆的两轮，共同发挥作用。

有一个僧人，他向雪峰（822—908）告了假，去访灵云和尚，问道："佛陀出生之前的世界是如何的?"灵云把拂尘（本来用于赶虫子的工具，现在成了一种宗教道具）立了起来。"那佛陀出世后的世界又是如何的?"灵云又把拂尘竖起来。这个僧人回到雪峰处，师父问他："怎么如此早归来?"僧人把见灵云的前后，全般不解等事由说了一通。雪峰说："那你问我。我来教你。"僧人重复了同样的问题，雪峰又把拂尘竖了起来。第二个问题一问，雪峰把拂尘扔了出去。这时，僧人对师父行了一礼，师父打了僧人一下。就这件事情来说，拂尘的使用是智慧；师父的一掷一打，则是慈悲。

禅在中国，于唐朝（618—907）、宋朝（960—1279）最为昌盛。及至明朝（1368—1644），开始出现式微的征兆。第二次世界大战后，欧美诸国对禅的关注度有了提升，其中一个原因，是他们对日本人的生活及其文化不断加深关注的反映。也许只有在日本，禅学作为生活、生存的力量，流传至今，仍然健在，在二十世纪五十年代的今天，其皈依者还达到了四百五十万人众。

第二章

关于觉悟

一

　　我认为，佛教的教示是以佛陀的"觉悟"为中心铺陈展开的。"佛陀"（Buddha）的意思是"觉悟者"，"觉悟"的原语是"菩提"（bodhi）。佛陀和菩提，两者都含有觉醒、觉知的意思，有着共同的语源"budh"。就是说，佛陀是觉醒者——从相对的、有限的生醒来的觉醒者。它所说的是菩提，亦即觉悟，或是"三菩提"（sambodhi），指的是无与伦比的"完全的觉悟"。

　　佛陀的教示是以他自身的"觉悟"为基础的。其目的就是帮助我们普罗大众到达"觉悟"的境界。因此，"佛教是在自己的身外，与自己并无关系"这种说法，并不正确。佛陀是非常彻底的个人体验的主张者。他对其众弟子力说，不要仅仅依从长老和权威者，而要重视自己个人的体验。教导人们为了自身的解脱，必须竭尽一己之力。《法句经》里有这样的诗句：

自身不行恶，身自净。

净与不净俱在己。谁也不能洁净他人。*

*《法句经》165、166（原文：恶业由己作，污垢由己染，恶业己不作，污垢己不染，清净由自己，何能由他净？行利他大事，勿疏勿自利，善观于己利，不忘失所求。）

　　有人认为，这说法太过个人主义了。毕竟，人在口渴时，手便要伸向水杯。不论是天国还是地狱，没有人会成为我们自身的代理人。"觉悟"，冥冥之中必须由我们自身去体验。因此，对于佛教基于觉悟的教示，弟子们不是囫囵吞枣就可以的；当弟子们根据自己的体验细细品味时，这种教示方可成立。所以说，我们钻研佛学，首先必须看清楚，什么是"完全的觉悟"。

　　那么，佛陀是怎样得到"觉悟"的体验的呢？他如何成就了自己的正觉？与其他印度的圣人、哲人一样，佛陀最关心的，也是如何从生死的束缚中解放出来，如何从存在的枷锁中获得自由。只要存在是受限制的，我们就会被它拘束，而拘束造成某种紧张，我们生而为人总处于这种状态中。无论是谁，当他思考人在现世的存在状态时，内心里都会不停地感到要超越这个现实的触动。我们祈求不灭，祈求永生，祈求自由和解脱。关于这一点，佛陀以超越常人的敏锐，穷尽所有的方法，就是为了祈求，从存在的束缚中解放出来。

这样的祈求，或愿望，或冲动，符合人性。就是说，我们从观察自己的姿态，来认识从内或从外包围我们的东西，并产生了一种愿望，要有能力把自己从今生脱离出来。这个愿望如翻译成形而上学的用语，那就是"探究存在的终极意义"。这样的求索，可从以下几种提问题的方式中表现出来："人生有生存的价值吗？""人生的意义何在？""我们从哪里来，又将到哪里去？""在问这些问题的我究竟是什么？""为满足我们的为所欲为，世界是由我们的意念驱动的吗？"等等的问题。

一连串的问题，一见似乎五花八门，其实是同一个源头出来的问题。它们都是对生命的终极命运的审视，对存在意义的叩问。这一连串问题变成一个问题："存在是什么？"哲学家以及关心宗教的人士对于这个问题各有其答案。佛教者，特别是禅学者，给出了他们独自的答案，该答案与哲学家及宗教人士的答案不同，后者通常是对呈现的问题，寻求客观的解决；遵循问题的原型，问题怎么提的，他们就怎么去回答。

然而，佛教者则会到达提问的根源处，叩问为什么必须要提出这样的问题。对"存在是什么"这样的问题，他们不会原封不动地提问，反过来会尽力到达提问者本身。如此，这提问已不是个抽象的东西，而是提问者这个活生生的人的出场。此人身上有跃动的生命，他的提问也同样如此。这个问题已经不是抽象的、脱离人性的问题，也不是超人性的问题，而是生动的、与提问者直接连结的问题。弟子问"佛性、存在是什么"时，师父反问他"你是谁""你从哪里拿来的这个问题"，通过这个途径去逼近答案。又或者是师父叫弟子的名字，弟子答"在呢，师父"，师父沉默片刻，再问"明白了吗"，如果弟子不明，师父便做出裁决："这个笨蛋。"

不使问题离开提问者半步，这正是佛教所走的途径。两者若相离，提问者将永远得不到答案。

二

　　究竟，人为什么会提问？提问者为什么会想要提问？要知道，必须在提问者把自己从实际存在中抽离时，提问才成为可能。把自己置于身外，把自我抽离，从外凝视自己，才可发问"这是什么"。这是我们作为人而专有的特权，对动物而言毕竟不可能有。动物只是在实在中生存，而不会发问；它们既无幸福，也无不幸，只是接受到来的一切事物。而我们却懂得将自身置于现实之外的方术，从远处考察事物，提出关于现实的各种问题，并为此感到时而痛苦，时而快乐。当问题对于我们来说意义重大时，那就不是快乐了，感到痛苦变成了我们的特权。同样，变得安心必须也是我们为人的特权，动物不可能如此。

　　一个僧人向南泉问道："三世诸佛有此物而不知，猫和牛却知道，此为何物？此物如何能得？"师父答道："佛陀在进入鹿野苑之前，对此已知一二。"僧人继续问道："为何畜生却知道此物？"南泉反问："你为何觉得奇怪呢？"

这里要说的是，当我们在身外去求"此物"是什么意思时，"此物"已经不在该处了。"此物"活在我们的生命里，提问"此物"时，我们已把它从自身抽离。结果是把自己从自身剥离，游荡在外。这和那个蜈蚣的故事有相似之处。故事说的是蜈蚣一看自己有那么多脚，琢磨着怎样才能足不相缠，按顺序动脚。这样一来，反而一点都动不了了。和这个故事一样，问题和提问者一旦分离，问题真就来了。

把问题从提问者抽离出来这一点，对人们来说，其实是自然的事情。因为我们所到之处，无时无刻不在问问题。同时，还因为不断地提问题，使我们深陷烦恼之境，不能自拔。佛教者的主张正在此处：解答是绝不可能从抽离而来的。要提问，必须要抽离；但抽离并不是寻求解决的关键，相反，抽离会妨碍人们寻求问题的解决。

从提问到解决，这是同一件事。这两者在深层意识上连接成一体时，就算提问者不努力寻求解答，问题的解答也会从这一体性中，自然地显露出来。这时候，问题会自己得到解决。这是佛教者在面对"存在是什么"这样的问题时所持的态度。换言之，提问的人停止置身在问题之外，也即是它们两者合一的时候，就是它们回归本来状态之时。进一步说，回归主体和客体尚未一分为二的原始状态时——未分离之时、创世之前——正是问题可能得到解决之时。这种解决并非依赖于逻辑推论证明，而是基于现实中一己的自身体验而来。

这样说来，读者会说："主客体分离之前，那是神创世之前，我们都还没出生，也就是我们都还没问任何问题之时吧。若如此，我们没问什么问题，当然也不会有什么问题的解决。不仅如此，神也还没有，没有创世，也没有我们自身；因而也没有问题，一切都归于虚空，觉悟也没任何意义。这不是解决，这更是灭却。"

实际上，这"灭却"是解决之道的据点。到不了这里，就到达不了解决那一步。逻辑学家的"灭却"，在实际的体验者眼里，绝不是真的灭却。在体会了所谓"灭却"后，它即变成一种肯定——亦即是，变作一种正觉而表现出来。

然而令人为难的是，可以想象，在逻辑学家看来，笔者在把读者引向错误的方向，即笔者的引导方法有误，本想把人从迷路中救出来，却反将人引入更深的迷局。但是，其实读者自己在挖掘墓穴，因着逻辑学家所引，被带迷路了。笔者的意图是，把读者从所有提问、讨论、论证等概念的推理中分离出来，使他得到完全自由——从一切分析和争论中脱离而获得自由。提问者和问题成为一体，或者说，他的总体存在成为了包含世界终始的一个大问号时，才有可能获得完全自由。这是属于体验的问题，而不是用来讨论的问题。这也是佛陀苦苦修行、不停思索六年后最终的到达之处。我的主张在下面会作进一步解释，使结论更加明朗。

总而言之，佛教者一味强调的是觉悟的体验。从那里出发，会带来所有问题的解决。不管以什么方式，只要思维上有上述的分离行为，问题决然得不到解决。就算是有什么答案，也不是真正意义上的解答。为何？因为那也是有假设前提下的答案，而不是作为事实本身的答案。根本性的答案，得来绝对不易，它一定是摇动我们自身存在，并使我们感到战栗的东西。

三

主客体不可分离，这是人生的根本问题。问题是从知性、理智所产生，但答案必须是基于体验而生。为什么？因为知性的答案总是唤起下一个问题，总是不能到达最终的答案。而且，就算获得了知性上的解决，它也只会停留在知性上，而不能成为撼动自身存在的东西。知性只是在周围制造一个真空，且总以二者对立的形式来处理事物。某种意义上，对于实际的问题，往往可以说在提问之前，问题就已被回答了。这样的事，难以在知性的维度理解，因为这是从超越了知性的高处传递回来的信息。

提问，或把事物分离，与事物的不可分离性相连一起。另一方面，提问其实是要使存在认识我们。要认识我们自身，存在就要被分割成提问者和问题两者，而答案必须来自分割前的存在。也就是说，答案就在提问者和问题成为一体之处。问题一般在分割之后产生，分割之前是没有的。因此，当我们到达尚没有问题的所在，答案当然也不会有。没有问题，也没有提问。正是在这样一个世界中，蕴含着终极的答案。禅学的哲人明言：在提问发出之前，答案已经给出了。

如果问"神是什么？"，禅师大概会这样回答："你是谁？"

如果问"基督救得了我吗？会救我吗？"，禅师会回答："你还没得救。"

如果问"佛陀真的觉悟了吗？"或问"觉悟是什么？"，禅师回答："你还没觉悟。"

如果问"达摩从印度带来了怎样的教诲？"，禅师回答："现在，你在哪里？"

从前，中国曾有一个高官，对禅学饶有兴趣。有一天，他对一个禅僧说了这样的话：

"有人把鹰放进坛子里养，鹰渐渐长大，坛子变得太小。问题来了，怎样才能把鹰救出来，但不把坛子打破？"

禅僧喊了高官的名字，高官回答："在，师父。"

禅僧马上答道："你看，鹰出来了。"

答案总是跟着提问一起出现。亦即提问本身就是回答；同时，须记得只要不提问，任何答案都不会产生。

从前，赵州和尚向南泉问道：

"道是什么？"（道在这里的意思，大概可以解释为实在，或存在。）

南泉答道："你的平常心*就算道。"

赵州问："那，修行有特别的趣向*吗？"

南泉答："没有。当要向哪边走时，已经走反了。"

30

赵州问："不循方向，如何能识路呢?"

南泉答："路不属于识，也不属于不识。识是迷惘，不识是无智。当你抵达不容置疑之道时，你会知道一个可扩至无限的巨大虚空。无限空旷、不容善恶进入的空间。"

　　*平常心是指我们日常的心的状态。佛教学者将之称为"如实的状态""原本的实在"，或者单是称为"原本"。一个僧人在问"平常心是什么"时，师父回答道："饿了就吃饭，渴了就喝水。"这是一种本能、无意识的生，其中不存在知性和思维。如果停留于此，就不会有以高度意识为特征的人类的生活了。在有意识的同时却是无意识——这正是"平常心"。

　　*趣向指的是"向……的方向"，有意图地向某个方向的意识。

　　所谓道，就是完全的觉悟。对道而言如此，对觉悟而言亦如此。当我们直面道、当我们问道时，道已不在我们所求之处。但是，如果我们不去求道，不去倾心倾力钻研求道的话，道自然不能为人掌握。道不由逻辑理解力所能到达。它在思维汲汲营营所为之外存在。直言之，我们驻足于河流的"此岸"，是永远不可到达觉悟的境界的。

　　笔者把这个权且称为"觉悟的逻辑"。只有理解了这个逻辑，我们才能更正确地面对佛陀成就"觉悟"体验这个问题。佛陀"觉悟"的体验，正是日后在印度和中国，佛教思想得以蓬勃发展的出发点。

四

　　前述已经表明，佛陀认为，如从二元分离的世界考虑问题，提问者从问题本身割离的话，问题不会得到解决。佛陀总是会直面眼前的问题，细心凝视，全心体会其之为何，全心期望最终的解决。无论是谁，在探究真理之时，作为通向问题最终解决的必由之路，佛陀的故事就是一个典型的例子。

　　探究真理，我们大概会从学习哲学开始。我们在对实在的考察当中开始运用推理能力。我们学习思想的历史，知道了古时的贤者就此艰难的问题说过些什么，这个问题如何曾使他们无比烦恼。佛陀也经历了同样顺序的路程。他在离家之后，首先去了森林里，和当时最优秀的学者们见面。但这并不能使他满足。哲学不能把我们带回还没有发问的所在，求于哲学似乎是无解的。哲学有哲学的界限。哲学也许可以眺望遥远而模糊的实存实在，但当我们越来越接近时，它恐怕会变得稀薄然后消失殆尽，只会令人更为着急。佛陀最终不得不从学者们的身边离开，也是这个道理。

接着，佛陀尝试了苦修。也不知为何，我们总是认为压抑肉体的欲望，心灵就得以净化，真理的本来面目就能显现眼前。然而，禁欲把作为真理探问者的自己，当成相遇的敌人，而对于敌人必须把他打败和粉碎。这个敌人，无时无刻不站在提问者跟前。提问者倾力与敌死斗，敌人也难屈服。只要发问者活着，他大概又会树立新的敌人，然后必须和他相斗。就算把敌人打倒，也救不了自己，解答不了问题。所谓"自己"是因为有"非己"才得以成立，而那非己却是自己的敌人。自己创造了敌人，提问者不管到哪儿也还是提问者，是问题的创造者。

　　在禁欲的修行中，提问者就是自己。说自己其实也成不了自己，而是和敌人对峙的自己。这个敌人总要收拾干净。然而，只要自我存在，这个敌人是不会得到制服的。自我不可能真只是一个人。他需要一个对手，来主张自己，比试一己之力，证明自己有多么重要。夸耀自我的另外一个自己不存在时，自我就会丧失。禁欲主义实质上是一种自负或是自我主张的表现。

　　禁欲修行、道德修炼等途径决然不能使人超越自己。如不能超越自己，我们就没有机会探究实际存在，获得问题的解决。自我必须彻底放下，不能停留在与自我相关的、自我与非我对立的形迹上。

　　佛陀以自身的感受，深知这一点。有一天，他从坐的状态想站起来，却站不起来。他进食太少，身体衰弱支撑不起自己。佛陀只维持最低限度的进食，想通过弱化身体，使得自己不作自我主张；这下他的目的达到了，身体变得极度衰弱，支撑不住自己。可是，有关实在和真理的大问题仍然未解，肉体的苦修也不是能到达解决的路径。佛陀于是这样想道："要是我死了，提问者还没寻得答案，就死了。"

这些问题必须要继续探求——佛陀开始进食，以求恢复健康和体力。可是，接下来如何往下走呢？知性并没给出答案，禁欲和苦修也没用，他不知还能做什么。尽管如此，他想得到答案的心情却是越来越焦急了。若他的身体更小，力气更弱，也许就承受不了这样的重压了。在这样生命被追逼到穷途绝路之际，他的全部身心存在做出了反应。要解决的问题消失了，强敌在前，他感到自我也完全消失了。他的自我、知性和全部的存在，倾注在问题之中。换言之，在此瞬间，他自己已成要解答的问题本身，提问和问题、自我和非我之间的区别已然消失，只有一个整体的、不作区分的未知存在。他把自己全然融进这样一个未知当中了。

我们在心里试描画一下这样的光景：已经没有了在发问的释迦牟尼，没有自我意识，没有和他知性作对的、逼迫他的存在的问题；而且，没有覆盖于头顶的天，也没有支撑在足下的地。如果在那一刻我们站在佛陀的身边，进入他的存在，我们看到的，大概是一个覆盖全宇宙的巨大的问号。在那瞬间，他所持的心和心的状态一体，沉浸在那个状态当中。不经意间抬头仰望，看到了满天明星。闪耀的星光照进他的眸子，这把他全部的意识引回平常的状态，曾经那么强韧、执拗地使他痛苦不堪的问题，已然完全消失，一切都显示出崭新的意义，全世界都被新光普照，佛陀口中吟唱一谒（gatha，诗）：

> 我们经历数不尽的轮回
> 是谁建造这小小的房屋
> 我们寻寻觅觅也不得见
> 数不尽的重生苦海无边
>
> 如今我已见造屋的匠人
> 他已不再建造新的房屋
> 橡柱皆断且栋梁都摧毁
> 我心证无为已爱欲俱灭*

*参考《法句经》153、154谒（南传203卷，40页）；《长老谒经》183、184谒。（原文：多生轮回中，探寻造屋者，而未得见之，再生实是苦。造屋者已见，不再造新屋，橡柱均断折，栋梁亦摧毁，我心证无为，一切爱欲灭。）

　　重复着无数次的生死轮回，这样的思虑起源于人们对自身实体（atman）紧抱不放的观念。本来，这种观念是虚妄和无常的，是有存在条件的；如能看破这个观念并不属自己而把它摒弃，那么他已经没有任何执着之物。橡柱、栋梁之木都已折断，无凭可以重建。这一切都是二元性思考方法的产物。

二元消失处，即是无为，是空。译作"无为"（visankhara），也许有些不妥；"visankhara"的意思是"有条件存在事物的消失"。据佛教学者所言，这现象的世界是由各种条件所造成的一个集成的存在，而不是可独立存在的实体（atman）。心到达无为时，也就是心进入了"绝对空"的状态，从一切条件当中自由地解放出来，成为所谓"超越者"*。换言之，此心当下已超越生死，超越善恶，而证得那个终极的实体。"我们是一切的胜利者"——这个想法是佛陀觉悟时说的话，在下面一偈中亦已明言：

*描述"实在事物"的术语。从诸要素的集合（skandha，五蕴）中解放出来的心，即是这个世界的超越者。

看啊，我们是一切的胜利者，一切的智者

离开所有恶念，获得自由

舍弃了所有，除却渴爱之根

我身知晓一切，凭谁为我师

我不再有师，更无等同者

也不再有与我比肩的人

世界以我为圣者，尊我为上师

我已得到完全的觉悟

寂静的和平，涅槃的安宁为我所有*

*《律藏》《大品》1、6、8（南传3卷，15页）；《中部经典》26，《圣求经》（南传9卷，306—307页）。

"战胜了一切"，或"征服了一切"的人，不会被任何人打输。他是绝对的存在。他不知有败北一事，因为他已超越了所有对立。他已在无以伦比的境界。这一刻，他是一切的智者。这样说，并不是指他每件事都一一知晓，因为那不过是相对、有限的知识。一切智者所拥有的智慧，我们称为"般若（prajna）直观"，那是指接受一切事物的总体性、一体性所呈现的智慧，是横亘于所有知识的根基般的智慧。它也把我们相对的知识变成可能，使我们不留丝毫恶念，变得完全自由。以这样的智慧，使人不再区别提问和问题两者，一如拥有正觉的佛陀。

正因如此，关于佛陀，大乘佛教信徒们这样说："当其生诞之时，佛说天上天下，唯我独尊。"这句话从生物学上理解，还是从形而上学上去解读，那是读者的自由。

云门是唐朝末年的神僧，他在一次生日庆祝会上说："佛陀刚出母胎时说这样的话，要是我在旁边，我就一棒将其击倒，把死骸喂了狗去。"云门以他在禅学上的体验，等于是重复说了佛陀所言：天上天下，唯我独尊。

五

如前所述，佛陀的觉悟是他生涯中最重要之事；没有这个体验，也就没有佛教这门宗教。这一点我们必须清楚。而且，与佛教之名相关的所有东西，都有必要回溯到佛陀的体验。在学佛之际，如遇到困难，我们必须要从佛陀觉悟的体验中寻求解决。没有这个"觉悟"，佛亦不成佛。同时，如果佛教不是基于佛陀的"完全觉悟"的体验，那么它也不是佛教。由此，我们应该懂得佛教异于其他的所有宗教之处。

佛教的弘法活动遍布整个亚洲，流派各别，但相同的是，都一致承认佛教的基础是佛陀的觉悟体验。就算是宣称"他力"，而与佛祖揭示的"自力"的精神相反的净土一门，也将"觉悟"的观念作为其基础，这是一个众所周知的事实。因为净土宗首先也是认为有了阿弥陀佛的无上正觉，有了无与伦比的觉悟，净土才得以成立；净土学说的建立和之后的展开，都是基于阿弥陀佛的觉悟。关于"他力"究竟为何物，当然需要详细分析说明，但应该记取，净土往生的主要目的，正是在这所有条件具足的圣地里，去成就"完全的觉悟"。从这也可看出，净土一宗，一般被认为离原始的佛陀所教相去甚远，其实还是遵从"觉悟"的体验的。对于认为在斯世、今生得到觉悟是至难之事的人们来说，此生诞生在阿弥陀佛的国度，来世终得觉悟，就是净土所教了——不，是净土所示的约束了。

现在，我们知道了距现在大约两千五百年前，在尼连禅河岸边的菩提树下，佛陀都体验了些什么。佛教研究的下一步，应该是探究"完全的觉悟"所包含的是什么内容。这样的觉悟，使我们能成为一切的胜利者，一切的智者。

第三章

禅的意义

简单来说，禅是看透自我存在的法术，是从束缚走向自由之路的路标。我们有限的存在，总是在世上林林总总的束缚中受苦，禅教我们从生命之泉中吸饮清水，把我们从一切的束缚中解放出来。或者说，禅学把每个人个性具足的力量释放了出来。这种力量在通常状态下受压抑扭曲，未能充分发挥，往往不得其道。

我们的身体就如一块电池，里面蕴藏有不可思议的力量，没有正确工作时，生锈凹陷，表现异常。这种情形下，禅的目的是使我们从疯狂、片面中得救。这就是我认为的自由这一词语的意义，它使我们把生来具足的创造力和慈悲的冲动任意发挥出来。一般来说我们并不会注意到这一事实：我们是具备使我们自身幸福、能与人互爱的各种必要的机能的。之所以我们看到周围的各种纷争，是因为人们不知道这个事实。禅把佛教徒所说的"第三只眼"打开了，在因自己无知而紧锁、至今连梦里也没出现过的世界面前——开眼了。无知的浮云散去，天空无际，在那一刻，我们第一次看到了自己存在的本性；在那一刻，我们得知了人生的意义。人生不是盲目的努力，也不是单单拥有猛兽般的蛮力。虽然还不确定人生的目的在哪里，但我们会知道其中包含着什么，如何能使人生充满无量的幸福，对人生的各种展开感到完全满足，因而不再质疑，对生活不再抱有厌世式的疑问。

当我们生命力饱满，但对人生的知识尚未觉醒时，是不可能理解人生中包含的一切矛盾冲突的意义的。现在那些东西在我们眼里呈静止状态，但迟早我们要直面人生，去解开那复杂而紧迫的谜团，那个时刻终将到来。孔子说："我十五岁立志向学，三十而立。"[1]这是中国贤者的一句名言，心理学者们大概都同意他所说的吧。因为，一般人认真观察周围环境，考虑人生的意义，大概就是从十五岁开始。藏在潜意识中的各种精神力量，几乎同时喷发，激烈之处，有时也会失去心的平衡。事实上，青年期多发的神经衰弱症，主要就是因为精神失衡。多数情况下，这不会带来严重的后果，危机过后，不至于留下较深的伤痕。但对某些人来说，因生来的性格，或是心地柔软受环境影响，他们精神上的觉醒将撼动其人格的根本部分。这是个逼迫你选择"永远的否定"还是"永远的肯定"的问题。这个选择也是孔子所言"学"的意义所在，不是指如何学习古典，而是去深入探究生命的神秘。

苦苦缠斗的结果，大体是"永远的肯定""随一己之意"。

1　子曰："吾十有五而志于学，三十而立。"（《论语·为政第二》）

因为无论厌世者们如何否定地考虑问题，人生到头来总是呈现某种形式的肯定。但是，与我们过于敏感的心背道而驰，如在《人间生涯》一书里，俄国作家安德列耶夫（1871—1919）这样的呐喊也颇有不少：

"我诅咒你所给予的一切。我诅咒我出生那一天，死去那一天。我诅咒我一辈子。我把一切掷回你残忍可憎的颜面上。冷酷的命运啊，诅咒你，永远诅咒你。我以我的诅咒征服你，你奈我何！我殚精竭虑，在你这双驴耳旁叫喊——我诅咒你！我诅咒你！"

这简直是恐怖的人生呐喊，对人生的完全否定，是人间大地上最为阴森惨烈的一幅画面：什么痕迹都不得留，一切都将死去，生养我们的大地上的所有都将逝去；此外，我们对自身的未来一无所知——的确，这些都是厌世观的成因。

如我们大多数人所经历的，人世间充满了苦难，这是不容否定的事实。只要人生是某种形式的斗争，那么它除了苦痛，不可能是别的什么东西。所谓斗争，不就是互为对手，想打赢对方的两股力量的冲突吗？争斗中输掉的一方必然死去，而死是这个世上最为恐怖的事。就算是把死打赢了，那他也只剩下自己孤单一人，而孤独有时比争斗更令人难以忍耐。人们往往意识不到这些，却可以沉溺在感觉带来的片刻的快活当中。但是，意识不到，不等于可以改变人生是苦这一事实。盲人固执地否认太阳的存在，也不能使太阳消失。烈日当空无情地照着他们，如果真注意到他们，恐怕会把他们从地表上抹杀得一丝不剩。

在"四圣谛"[1]中，佛陀开篇就说：人生是苦。这真是全然正确。我们每个人都是带着哭声、抗拒着什么似的来到这个世上。从温暖柔软的母胎里，诞生在冰冷拒人的环境中，的确是一种痛苦。成长的过程也伴随着苦痛。出牙的过程多少带着痛苦。青春期一般来说从精神到身体都会产生悸动。而社会及组织的发展，也伴随着充满痛苦的大变动，目前在我们眼前展现的，也是这样一次变动的阵痛。冷静思考一下，这些都是不可避免的事情。改造通常意味着旧的组织的破坏，不可避免地要经历痛苦的手术。经过这样冷冰冰的理性分析，丝毫也不减少我们的苦恼。我们精神上所负担的苦，无法免除，它铁面无情。人生不管怎么去论说，最后都是一场苦难的争斗。

然而，这却是天意。为何？越是痛苦，你的人格越变得深厚，越是深厚，你越能读懂人生深刻的奥秘。所有伟大的艺术家、宗教家、社会改革家们，无不出现于惨烈无比的斗争中。他们勇敢投入一次又一次的战斗，历尽了血泪的洗礼。不吃苦中苦，便难以尝得人生的真味。天要使一人成为伟人，必先加其以各种试炼，他必须经历各种苦难的磨炼，直至意气高昂之境——孟子说的非常正确。[2]

我觉得，奥斯卡·王尔德常爱摆姿势，注重外表效果。

1　苦谛、集谛、灭谛、道谛四个真理。这是释迦成道后，在鹿野苑初转法轮时说的佛教的根本教义。
2　孟子曰："天将降大任于是人也，必先苦其心志，劳其筋骨，饿其体肤，空乏其身，行拂乱其所为。所以动心忍性，增益其所不能。"（《孟子·告子下》）

他是个伟大的艺术家，但其实他也会把面目藏在身后。在《狱中记》里，他呐喊道：

"这二三个月之间，我与令人惊恐的困难苦苦缠斗，终于得到隐藏在苦难深处的几个教训。牧师，还有那些没有智慧却喋喋不休的人，总是提及苦难的不可思议。事实上，苦是启示。人们注意到了至今为止未曾注意到的事情，历史也从另一种视角中显现出来。"

由此可见，他的狱中生活是如何净化了他的性格。假如在更年轻时经历这样的磨炼，王尔德留给我们的，也许会是更加伟大的作品。

我们往往太过自我中心。要从包裹自我的壳中脱离出来，显得无比困难。从孩童时代到离世的时刻，我们一直带着这个壳行走。然而，人生中突破这个壳的机会，总会有几次。最初而最大的机会，当数青春期之时。这时的自我首次真正成形，从饱含性的爱中醒来。从一体的自我中，感觉到某种分裂感，在心底沉睡的爱开始抬头，引发阵阵巨大的骚动。因为觉醒了的爱，会同时要求自我的主张，以及自我的灭却。爱生于自我之中，却迷失在爱的对象当中；同时，要把对象变为自己所拥有。这显然是个矛盾，也是人生的一大悲剧。这样一种人的自然感情，是促使人类进步的天授之意。神为了成就人类，把悲剧授予了人。在世界上大部分的文学作品里，爱都是不变的主题，我们从来不厌其烦。而这却不是这里的问题。与此相关，我想强调的是下面的观点：从觉醒的爱中，我们得以窥见了万物的无限。仅此一瞥，年轻人即可依照各自的天性，或迈向浪漫主义，或走向理性主义。

突破自我的硬壳，迎接自身中的"他"时，也就否定了自我，或者可以说是自我向着无限迈出了第一步。从宗教的角度而言，从这有限和无限之间、理性和更高维的力量之间，或者更简单地说，灵与肉之间——激烈的争斗开始了。这一点是把无数年轻人赶至恶魔跟前的难题中的难题。当岁月流逝，这个青年回顾往昔的岁月时，难免不为过往而感到全身战栗。这场须严肃认真的苦斗，也许要持续到三十岁，亦即孔子所言的"而立之年"。到这时，宗教意识已经充分觉醒，为了逃离或结束这场苦斗，他会从四面八方认真地寻求各种可能的方法。他读书，听课，然后贪婪地倾听说教，尝试各种形式的宗教训练和修行。当然，禅学也成为其探求的对象之一。

那么，禅学是如何解决这个难题中的难题的呢？

首先，禅试图以直接诉诸体验的真实来解决问题，而不依赖于书面的知识。人自身的存在，正是处在有限与无限之间，一团乱麻之中，但是其本性却须由比知性更高的力量所把持。最初引起这个问题的是知性，但知性本身却不能回答这个问题。因此知性必须让位于更高、更优的某种光辉的力量。知性的性质中，有着独特的、搅乱平静的一面，它的提问足以搅乱平静的心境，但多数情况下，它并不能提供可以接受的答案。它推翻了无知状态下幸福的平和，却拿不出能恢复事态的替代物。知性相对无知似乎带来光亮，但知性并非终极之物，它也在等待更高层次的东西来为提起之问寻求答案。如果知性在混乱之中带来秩序，能清晰地解决问题的话，那么，由亚里士多德、黑格尔等伟大的思想家构筑起其哲学体系之后，哲学这东西也就不再需要了。可是，思想的历史已经证明，知性所构筑的思想体系，必被后来者推翻。推倒重建，循环不绝，这于哲学作为一个学科来说，是完全没问题的。我觉得知性本身会这样要求，哲学探究的过程如同呼吸一样，断不能停。然而，对于人生自身的问题，就算知性最终可以带来终极的解决，我们也等待不起，难以让生命活动停止片刻，等待哲学来解析清楚人生的神秘。即使人生始终神秘而不可知，我们也要和它共同生存。饥饿时我们不会等着把食物完全分析完，确定每一要素的营养价值后，再来动口；因为人要饿死了的话，食物的各种知识也就一无所用了。正因如此，禅，在解决这个最深奥的问题之际，不能依赖于知性。

自身体验是即达事实本身，中间不经任何媒介。禅学上喜欢用一个比喻。以手指月时，手指是必需的，但把手指当成月亮的话，无疑是一灾难。拿鱼回家时，笼子很重要；但鱼做熟了上桌时，笼子就不必惦记着了。这里头有一个不争的事实——我们不应该赤手直接把它们紧紧捉住，不使其逃脱吗？禅是提倡这样的。大自然厌恶真空，而禅则厌恶介于真实与我们之间的一切空隙。禅认为，事实里不会有一团乱麻，没有有限与无限的纠缠，也没有灵与肉的纠缠。这些都是知性由着自己的兴趣所造的无意义的区别罢了。对此过于认真，并把它解释为人生的真实面目的，就是那个把手指当成月亮的人。我们饿了就吃，困了就睡，这里有有限或无限进入的余地吗？我自身完全具足，他不也完全具足吗？就这样活着，人生本很满足，可知性非得搅进来，破坏人生，使人生从这刻开始，数算有什么欠缺，有什么不足。让知性的脚步在此停下吧，它在一定的领域中或有些许作用，但不可以成为生命之河的阻碍。当你遭逢怎么都想看一下的诱惑时，就在漂流中看一眼吧。不管在什么场合，不可拒绝流动的河，也决不可翻弄它，因为在你把手伸进河流的瞬间，它的透明就被扰乱，你身姿的倒影也溃不成形；而那身姿，是你自始至终如影随形的存在。

在禅宗里，有与日莲宗的"四个格言"[1]大致相当的四个声明。如下：

教外别传（教典之外的特别的传承）

不立文字（不以语言和文字为根据）

直指人心（直接指向人心之内）

见性成佛（发现自我的本性而成佛）

以上四句总结了禅作为宗教的主要主张。当然，我们不能忘记这大胆的宣言背后的历史背景。当禅学传来中国时，

1　日莲宗为折服其他教派，提倡"念佛无间，禅天魔，真言亡国，律国贼"等四句。

50

佛教者们多是沉迷于讨论高度形而上的问题，或是满足于墨守佛陀既定的戒律成规；又抑或沉浸在冥想浮世万物的无常中，接受并过着慵懒的人生。他们啊，并未理解到人生伟大的真实。知性和想象乃是空虚的营生，人生的流转，本来就与此毫无关系。菩提达摩和他的后继者看清了这个悲观的事态，做出了上述"四大声明"的宣言。一言以盖之就是以下的说法：在禅学里，有一条直指本性的独自的道路，如能成就此道，则能成佛。在那里，知性所引起的一切矛盾和混乱，在更高层的统一中得到了完全的调和。

正因如此，禅从不做说明，只做指示，不向周围啰唆，也不做漠然空洞的概括，总是面对具体而确实的事物。从逻辑思维的角度考虑，禅也许充满了矛盾和重复。但是，它是立于万物之上的，安安静静地我行我道。有神僧这样巧妙地表现："栗栗横担不顾人，直入千峰万峰去。"[1]禅不去挑战逻辑，其他的事物，就让它一切委从于命运，自己只管一味行事实之道。当逻辑无视其本分，欲践踏禅学前进的道路时，禅才会大声主张自己的原理，举全力驱逐这个入侵者。禅，不是谁的敌人——禅与知性敌对的理由并不存在，因为知性可以不时地为禅发挥作用。禅是直面存在的根本事实的，关于这一点，以下举几个例子来说明。

临济（临济宗的开山祖师，867年殁）曾在说法时这样说道：

---

1 《碧严录》第二十五则。

赤肉团上（在我们肉身内）有一个无位（没有名号）的真人，常从汝等面门（感觉器官）径直出入（作用于所见所闻所想）。未实证此事（自觉体证这一事实）的人们啊，速来参看。

有一个僧人出列问道："这无位真人却是如何？"临济师从禅床下来，一把抓住僧人说："你说你说。"僧人顾左右而言他。师推开他，说："无位真人，这是什么干屎橛！"说罢即回了方丈室。[1]

临济对弟子严峻而直接，这相当有名。他厌恶一般师父通常所用的啰唆、不温不火的教导方法，这无疑是继承了他的师父黄檗禅师的做法。从前，他曾经向师父请教佛法的根本原理，而被黄檗三度棒打。不用说，禅学与棒打提问者、施暴等没有半点关系。如果你们真这样想的话，也就跟把指月之指当成月亮无异了，这可是天大的过失。不管是何事，决不可把外部的表面现象视为终极之见，于禅而言尤其如此。那些现象，只是指向从何处寻求事实真相而已。虽然这种指向很重要，没有不行，但一旦被它捕获，那便如落入罗网一般，到此为止了，也不能懂得真正的禅。关于禅，也许有人

---

1 临济。上堂云："赤肉团上，有一无位真人。常从汝等诸人面门出入。未证据者，看看。"时有僧出问："如何是无位真人？"师下禅床，把住云："道道。"其僧疑议。师托开云："无位真人，是什么干屎橛！"便归方丈。（《临济录·上堂》）

说，禅似乎总使人落入逻辑之网，把人套在玩弄语言的环内。你一足踏空，就在永远的破灭中沉沦，你燃起心中的火，孜孜以求的自由境地，就永远不能到达。因此，临济用双手把呈示在我们面前的东西直接抓走。如果我们第三只眼能开眼，云雾不遮，临济指引我们去哪里是一目了然的。我们第一步须到达师父的心内，在那里和内面的师父相见。如使用语言，不管怎样重复和堆积，都难把我们的自性导入其中；相反，说得越多越是渐行渐远。这有点像追捕自己的影子一样，你追，它以同样的速度逃走。当你注意到这一点时，你就能读懂临济、黄檗禅师的心意，从而明白他们真正亲切的教导了。

　　云门（云门宗的开山祖师，949年殁）也是唐朝末年伟大的禅学宗师。为了看清楚微小的自我存在，以及全宇宙生命的起源和原理，他不得不失去了自己一足。[1]他在其师睦州答应和他相见前，三度叩门而不得入。顺便说一下，睦州曾在黄檗处修禅，是临济的师兄。睦州问云门："你是谁？"答："我是文偃（文偃是真名，云门是他后来住持的寺名）。"说罢他正想跨进门内，谁知师父一把抓住他胸口："说，说！"云门稍一犹豫，师父看见了就说："这没用的家伙！"说完一把把他推出门外，把门立即关上；云门还有一只脚在门里头，一

1　云门（864—949）初参睦州。州旋机电转，真是难凑泊。寻常接人，才跨门，便扭住云："道道。"拟议不来，便推出云："秦时𨍏轹钻。"云门凡去见，至第三回，才敲门，州云："谁？"门云："文偃。"才开门，便跳入。州扭住云："道道。"门拟议，便被推出。门一足在门阃内，被州急合门，挃折云门脚。门忍痛作声，忽然大悟。（《碧严录》，第六则评；《五灯会元》卷十五，云门章参照）

下子被夹断了。很显然，突如其来的激烈的疼痛使这可怜的僧人猛然觉醒了。他不再是那个不停追问，乞求怜悯的僧人了，他得到的觉悟，足以补偿失去的一只脚。类似的例子，不止云门一人。禅宗的历史上，为了得到真理而不惜牺牲部分身体的，大有人在。孔子曾说："朝闻道夕死可矣。"[1] 那些人认为，比起单纯地像动物或植物那样活着，追求真理的人生显然更有价值。然而，在无知和官能的世界中汲汲营营者，在这世上，却是何其众多。

这就是禅学最难懂之处了。这辛辣的毒舌却是为何？这乍一看无情的做法却是为何？云门有什么过失要遭受这断足的责罚？他为了向师父求道，可怜兮兮拼尽全力了。师父三度拒之门外，又在门还处于半开之际，再一次暴力无情地关上了。即便师父从禅悟的角度出发，真的非要如此不可吗？这难道就是云门苦求不倦的佛教真理吗？但是，结果却是——合乎了双方的期待。师父认为弟子已得到了关于自我存在的洞见，非常满意；而弟子因师父的敲打而成就了自己，对此充满了感激之情。的确，禅是这世上最不合理、绝难想象的东西了；而这正如先前说过的，禅是不受逻辑分析、思维处理的支配的。禅是我们每一个人在自己心中，必须亲身直接体验的东西；恰如两面洁净无尘的镜子互相映照一样，将事实和一己之心直接相对，不经由任何中介。能这样做的话，我们就可捕捉到跃动而富有生命力的真实。

---

1 子曰："朝闻道，夕死可矣。"（《论语·里仁第四》）

一直以来，自由这个词空洞无物。一开始，它的目的在于从有限事物的束缚状态中逃脱出来。可是，如果不砸断捆绑我们手足的无知的锁链，我们寻求解放则无从谈起。这副无知的锁链，即是因知性和感觉的迷惘而来；它把一个个我们持有的思想，和一种种我们抱有的感情，紧紧地粘连在一起。这一粘连诚然难以解除，如同湿了的衣物——神僧们会用这样巧妙的表达方式。"人生而自由、平等"——不管这句话有什么社会和政治上的意义，在精神世界里，这句话是绝对的真理。捆绑和拖着我们手足的一切枷锁，皆是因我们不明真相，而在后天加在我们身上的——这是禅的一贯主张。禅师们时而用语言，时而用身体，以自由和亲切之心来接引求道者，其所有意图，无非是使他们回归到本来自由的状态中去，不使其依赖于观念上的表现，而以自身的努力去亲身体验——不如此，我们就不可能真正懂得。禅学终极的见解正在于此。我们因为无知而漂泊，使自身的存在四分五裂。从一开始，在有限和无限之间的纠结就毫无必要。我们苦苦追求的心境平和，其实一直在此处。中国著名的诗人、政治家苏东坡，曾吟出持此观点的诗句如下：

> 庐山烟雨浙江潮，
> 不到千般恨不消。
> 到得归来无别事，
> 庐山烟雨浙江潮。

这也是青原惟信所主张之处。他说道:"人参禅之前,看山是山,看水是水。随名师学得真理洞见后,他看山不是山,看水不是水。但是终归有一天,当他真正到达心意寂静的境地,他又依然是看山只是山,看水只是水。"[1]

睦州是九世纪后半的人物。有一次,有人问他:"我们每天须穿衣吃饭,如何能逃脱得出?"[2]师父答道:"我们穿衣吃饭。"提问者说:"你说的我听不懂。"师父说:"如果你不懂,那你穿衣吃饭就行了。"

禅论,总在面对具体的事实,而不仅仅流于一般的议论。我在这里不想画蛇添足,但如让我对睦州所言作注释的话,我会这么说:我们所有人都是有限的,不能离开时间和空间生存。只要我们配享在地上生活,我们就无法捕捉到无限。那么,怎样才能从自我存在中解放出来呢?恐怕这就是该僧人的提问中隐含的思考。师父回答的意思是,你须在有限本身中求得救,没有离开了有限而存在的无限。如果你要追求什么超越的东西的话,那么你会被这个相对性的世界切开、分离,这等同于你自身走向灭却;而你不会为了求得救而牺牲自身的存在。那么好,该吃吃该喝喝吧。然后,从吃喝饮食之事中去探索发现通往自由的道路。这一见识,已是在提

---

1 上堂曰:"老僧三十年前,未参禅时,见山是山,见水是水。乃至后来亲见知识,有个入处,见山不是山,见水不是水。而今得个休歇处,依然见山只是山,见水只是水。大众,这三般见解,是同是别?有人缁素得出,许汝亲见老僧。"(《续传灯录》卷二十二;《五灯会元》卷十七,青原惟信章)

2 问:"终日著衣吃饭,如何是免得著衣吃饭?"师云:"著衣吃饭。"进云:"不会。"师云:"不会即著衣吃饭。"(《古尊宿·睦州录》)

问者的能力之外了，所以他对师父说了实话：没听懂。师父只得继续说，懂也如此，不懂也如此，与有限共存吧。为什么呢？因为你若对无限寄予切望，不吃不喝不取暖，那么你会死去。不管你如何挣扎，"涅槃"（nirvana）须在"生死"（samsara）的正当中求得。无论是得悟的禅师，还是极端的愚者，谁也逃不过所谓自然的法则。胃空空如也，那大家都是同样的饥饿者。下雪时大家都得多穿层衣服。当然，这并不是说他们是同样的物质性的存在；而是说不管其精神层面的状态如何，他们就是原原本本地一直存在着的他们。就像经典里说的，精神觉醒的火炬点亮之时，洞窟中的黑暗原原本本变成了觉悟的光明。不是把叫作黑暗的东西除掉，然后拿进来那叫作光明的东西。黑暗与光明，从一开始就是同一实体里的东西。从暗到明，只不过其内面或主观上发生了转化。由此可见，有限就是无限，而无限即是有限，它们不是两样不同的东西，只是知性上我们被迫如此考虑而已。从逻辑上来解释的话，睦州给僧人的答案里，已经包含了这种思考了。现实的绝对一体的东西，一旦被我们一分为二，错误就产生了。我们赖以生存的不正是这个"一"吗？我们的所作所为，对理智这把杀人的手术刀视而不见，挥舞着它，把完整的东西切得粉碎。

有一次，在被众僧相求说法的时候，百丈涅槃禅师说，你们先去田野里干活，然后再来谈佛法的问题。众僧听师父的，到田里把活干完，回到师父跟前要听佛法。师父却一言不发，只是在众人面前摊开双手。[1] 追究起来，禅恐怕并没什么不可思议的地方。没有什么隐匿的东西，一切都展现在你眼前。你们吃饭穿衣，到田间劳动，你们已经在自我里实现了无限。怎么实现的呢？睦州在被问及禅是什么时，他以一句梵语作答："摩诃般若波罗蜜多（Mahaprajnaparamita）。"提问者不知此妙句何意，师父便加入注释说道：[2]

> 抖擞多年穿破衲，
>
> 褴毵一半逐云飞。

无限的结局，难道就是个这样贫困的乞食僧吗？

且不管这个问题，有一件与此关联的、不可漏掉的事情——基于贫瘠的平和（大体来说，平和在清贫的状态下才有可能），是你们倾尽人格之力，经过激烈的战斗最终取胜后，方可得到的东西。从怠惰、放任安逸的心态下所捡到的快乐，最是令人厌恶。在那里没有禅，只有懒惰无为的生活。战斗必须是激烈雄伟的战斗，如不经此役，断不能得到真正的平和。假象的平和没有深厚的基础，一阵风就将它吹倒了。禅学非常强调这点。我们所仰望的禅，先不说它神秘的飞跃之处，其精神上的雄浑，正是从勇敢无畏地投入人生之战而来。

1　一日谓众曰："汝等与我开田。我与汝说大义。"众开田了，归请说大义。师乃展两手。众惘措。（《续传灯录》卷九；《五灯会元》卷四，百丈涅槃章）

2　问："如何是禅？"师云："摩诃般若波罗蜜。"进云："不会。"师云："抖擞多年穿破衲，褴毵一半逐云飞。"（《睦州录》）

因此，从合乎逻辑的角度来看，禅也可被认为是指向改造性格的一种修行。我们平常的生活，通常只接触到性格的外缘，并不能撼动我们的深心处。即使是宗教意识觉醒的时刻，多数人也只是轻松地走过心底罢了，在心里不会留下苦斗的痕迹。我们只是在事物的表面上生活下去而已。我们也许聪明伶俐、机灵乖巧，但我们的作为，大多缺少深刻和认真，亦不曾唤起深厚的感情。还有一些人，他们除了临时拼凑、模仿的东西以外，没有一样真正的创造，把人格的浅薄和精神体验的缺失暴露无遗。禅本来是一门宗教，但它也在指导我们道德上的性格形成。换言之，深刻的精神体验，不可避免地给人格上的道德构造带来了变化。

为什么会这样呢？

禅学的真理的确如此，如果要彻底理解它，我们就要有耐性打一场艰苦的战斗，常常需要有漫长、孤独、不知所终的心理准备。禅修绝不轻易。有位禅师这样说：云水的生活，只有具备伟大的精神力量的人，才可以成就；就算是一国大臣，也未必能成就出色的云水人生（在中国，成为一国的重臣被认为是人生最可期望的伟业）。这不是说云水生活必须要经过苦修，而是意味着要把精神力量提升至最高水平。伟大的禅师们的言论及行动，无不发于这样的高度；但其意图，并不是做出不可解的言行，而使我们困惑。他们的言行，无不是充满深刻体验的灵性喷发。因此，只要我们和这些禅匠到达不了同一高度，便不能展望到他们所看见的风景。拉斯金

（John Ruskin）曾说："的确，假如作者是相当的高人，那你一下子不明白他所说的；不，你相当长时间内，对他所说的一窍不通。不是说他没说他要说的；而是他在很强烈地说，即使如此，他也不能把事情说尽。而且更可笑的是，为了确认你是真的想要知道，他只用隐晦的说法，或只用隐喻来说话。我不太清楚他这样做的理由，也不知道如何去分析贤者们藏于胸中的、不带慈悲的沉默：为何他们总是要用隐喻的方式，去掩藏更为高深的思想。他们似乎不把这看成是对你的帮助，而是把它当成是给予你的报酬。他们先得确认清楚你配得上，然后才允许你到达那里。"而且，这通向智慧宝藏的钥匙，都是在经过坚忍、苦难的精神战斗后，方可获得。

我们的心，通常填满了知性的戏言和感情的碎片。诚然，这些东西在我们的日常生活中是有用的，这点不可否定。但是，致使我们感到生活悲惨，在束缚感中呻吟的，主要来说，正是这些东西的不断累积。每当我们想要活动一下时，它们就束缚和压制我们，在我们精神的视野前蒙上厚厚的面纱，使我们感到活在无穷尽的束缚里，任凭我们对自然和自由充满憧憬，也不使我们能到达那里。禅匠们对此心知肚明，他们自己也曾经遭遇同样的局面。他们想让我们把这愚蠢、沉重的负担全部扔掉。要活在真实和觉悟的人生中，没必要扛着这东西东奔西走。于是，他们以只言片语，或是用行动表示出来。当我们能正确地理解到这些时，我们就可从知识的沉积及霸道中解放出来。可惜，这理解偏不能轻易得到，因我们对这长期的压抑习以为常，精神上的懒惰变得很难消除。事实上，这种惰性已经深深嵌入我们存在的根源之中，人格的构造，必须经历从根子上的颠覆和再造。虽然，改造的过程交织着血和泪水，然而不经过此关口，就不能抵达伟大的禅匠们所站立的巅峰。若不使尽人格的全力，就绝不能得到禅学的真理。这条道路布满荆棘，攀登的脚步容易打滑，危险无比，这可不是闹着玩的事情，这是人生涯里最大的大事，懒人想来也绝不敢靠近。这实在是不断锤打和锻炼人格的精神熔炉。对于"禅是什么"的提问者，有位禅匠是这样回答的："猛火用油煎。"[1] 我们必须经过这灼热的考验。只有这时候，禅才对我们微笑着说："你的家乡就在这里。"

禅匠的话语，为我们的心灵带来了一场革命。在此且举一例。有一个原是儒生的庞居士，问马祖（788年殁）："不与万法为侣的人，是什么人？"师父答道："你把西江水一口气喝干时，我就教你。"[2] 对于这个在思想史上可以提出的最重大的问题，他的回答令人觉得文不对题吧。相对于被重压于这问题之下的灵魂的负重来说，这个回答甚至显得冒渎。但是，马祖的严肃认真自是无可置疑，这是学禅的弟子们皆知的事实。实际上，后来六祖慧能时代的禅宗兴盛，得益于马祖的辉煌生涯之处颇多。马祖膝下，出了八十多人的得法禅僧，庞居士就是其俗世弟子里成就最高的一位，他有着"中

---

1 问："如何是禅？"师云："猛火著油煎。"（《睦州录》）
2 居士庞蕴问马祖云："不与万法为侣者，是什么人？"祖云："待汝一口吸尽西江水，即向汝道。"居士言下顿领玄要。（《传灯录》卷八，庞居士章）

国佛教里的维摩"[1]这样名副其实的声誉。这两位禅学的大师间的问答，怎么可能是游戏一般。即便看上去有些许漫不经心甚至草率，但其实里面饱含着禅宗文学中珍贵的珠玉。无数学禅的弟子被马祖这难解的话语翻弄，在汗水和泪水中苦苦思索。

再举一例。有一僧人向长沙景岑问道："南泉和尚迁化之后去了哪里？"师父答："石头还是个小沙弥的时候，去参见六祖。""我没在问小沙弥的事情。我想知道的是南泉死后去哪里了。""如果是这样，"师父说，"让他去想吧。"[2]

灵魂的不灭也是一个大问题。宗教的历史，可以说是在此之上构建起来的。谁都想知道死后的生命是如何的。当离开这个世界时，我们往哪里去呢？真的有另一生吗？或是这一生结束了，就一切都结束了吗？关于孤独的、不和万物交往之人（不与万法为侣者）的终极意义——也许有人不厌其烦地思考这个问题，但恐怕不存在从没问过自己死后命运的人吧。石头年轻时有没见过六祖，与南泉死后的去向应该没有任何关联。南泉是长沙地方的禅师，僧人却问师父南泉去哪里了。从一般的逻辑来看，景岑的回答全然不通。然后同

1　《维摩经》里的主人公，在家居士。中印度毗耶离的富者，在家修大乘菩萨行，修得无生法忍。曾称病不出，释尊派舍利弗、目连、大迦叶等去问疾，都畏惧不去，因此文殊师去了。文殊去了维摩的方丈室，相互议论了种种的法门，探讨了般若皆空、无相不可得的要义，亦即是《维摩经》中所说的内容。
2　三圣令秀上座问曰："南泉迁化，向什么处去？"师曰："石头作沙弥时，参见六祖。"秀曰："不问石头见六祖。南泉迁化，向什么处去？"师曰："教伊寻思去。"（《传灯录》卷十；《五灯会元》卷四，长沙章）

样的问题被再问了一次，师父的回答仍然极其含糊。"让他去想吧"究竟是在说什么呢？由此来看，禅和逻辑是有明显区别的。我们先不去讨论这个区别，如我们觉得禅是讲道理，能从理论上给出明确答案的话，那我们就完全误解了禅的意义。首先，我曾说过，禅直接面对的是事实，不是一般意义上说这说那；禅能直入人格的本源处——我想强调的是这一点。知性通常不能指引我们去那里，因为我们并不在知性中生存，而是在意志中生存。"我们应该清晰地区别理解中的行为与意志中的行为。前者价值较低，而后者即是一切。"劳伦斯弟兄（Brother Lawrence，1605—1691，17世纪法国奥秘派基督徒，虽然一生在修道院任厨师，晚年却备受推崇，其言论被编辑成《与神同在》等书。）的这句话（《与神同在》一书）是个真理。

禅宗文学中，这样的话语有很多。这些话似乎是在漫不经心、无意中说出，但真正懂得禅的人，会有下面那样的证言和体会吧。亦即是：禅匠们口中自然发出的话语，都如同是令人畏惧的猛毒，一旦吞服，用中国人的描述，就是"内脏九转的痛楚"。然而，正是因为经历了痛苦和矛盾，才能一扫体内的不纯物质，崭新的人生观才能让人似再世重生。不可思议的是，经历了这场精神上的苦斗，当你取得胜利之时，你就会懂得禅的意味。事实上，禅是每个人属于自己的实际体验，不是通过分析和比较所能得到的知识。"不是诗人不可谈诗；病人和病人间的心才相通。"这句话说出了全部。我们的心必须足够成熟，才能和老禅师的心曲同调。如能到达如此成就，那一根琴弦奏响，其他的弦也会马上和鸣。美妙的旋律从来都是两根以上的琴弦相和相应，产生共鸣而奏出的。禅学是在教导我们，使我们的心变得柔软，以感恩之心接纳老禅师们。用心理学的语言换言之，禅把我们内藏的能量一气解放出来，而在平常的生活里，我们对这股能量总是不知不觉。

有人说，禅，其实是自我暗示。但这并没有说明什么。听到"大和魂"这个词，一般的日本人会感到激烈的爱国感情吧。孩提时代，受向国旗敬礼的教育，站在军队的队旗前就情不自禁地敬礼。少年们如果被指责行为不像武士的后代，有辱祖先的名誉的话，他们就会立即鼓起勇气，战胜诱惑。虽然这也是释放日本人能量的一种思想，但据一个心理学家说，这不过是一种自我暗示。社会的因袭和模仿本能，恐怕也是自我暗示的表现。精神上的训练也同样如此。学生们服从于被树立起来的榜样，被教导去模仿跟随。这思路被自我暗示强化，一步步在他们身心里扎下了根，他们慢慢地就觉得似乎那是自己的主意，而自觉地采取相应的行动。但是，自我暗示是把我们带到不毛之地的理论，它不能说明什么问题。听到禅是一种自我暗示，那禅变得清楚一些了吗？某些人会以为，用流行的新词来称呼一种现象就是科学，然后自以为成就了大事而自我陶醉。禅学，终究须由更有深度的心理学家来研究才好。

根据某些人的观点，人类的意识当中，尚有没被充分、系统地研究清楚的未知领域。那个未知领域被称为"无意识"，或叫"潜意识"，里面充满了漠然含混的心象。大部分的科学研究人员都不敢贸然踏入这片领地，但谁都不能否认它存在的事实。通常，我们意识的领地里充满了各种各样的心象；同样，在潜意识的领地里，也有着形形色色的神秘主义的库藏。所谓潜在、异常、灵魂、心灵之类的名词，都属于这片领地。深藏在其间的，也许还有能看穿自我存在及自性的力量。禅将我们的意识从沉睡中唤醒，也许就是靠这样一股力量。不管如何，禅匠们用比喻说：打开第三只眼。觉悟就是开眼，这是觉醒的通俗的叫法。

如何才能做到"开眼"呢？

通过坐禅的功夫。不受知性和妄想的遮蔽，冥想那由里而外、直接奔走而出的话语和行动。这些言语行动，必须干脆地根绝从无知和混沌中产生的一切波澜*。

*禅宗有它独自的坐禅修行方法。禅与单纯的寂静主义、梦幻迷失的状态等，没有任何关系。

在这里，介绍一下禅匠们为弟子打开心眼所用的方法（参考本书第五章），这说来很有趣。他们从禅堂出来时携用各种各样的道具，有拂子（在印度本来是用来赶蚊子的）、竹篦（两三尺长的竹板）、如意（用各种材料制作的有趣的棒或杖，字义是"如你所愿"。梵语音cinta）。特别是拄杖，多用于棒喝来揭示禅理。以下举几个例子，来说明这道具是如何使用的。

长庆慧棱曾说："知道拄杖是什么时，他一生的禅修就可完成了。"[1]这令人联想起丁尼生（A. Tennyson, 1809—1892）的"墙壁的缝隙里盛开的花"。为什么呢？当我们知道拄杖的理义时，我们就识得"神与人"，即看穿我们自身存在的本性。这样的洞察，把一直以来扰乱精神上的安定的所有疑惑和渴求，画上了终止符。拄杖在禅学上的意义，大概也不难理解。

芭蕉慧清——大概是十世纪的人物吧，有一次这样说明白了："如果你有拄杖，我把拄杖给你；如果你没有拄杖，我把拄杖从你那儿夺走。"[2]这是最能表现禅的特征的一句话语。可是后来，大沩慕喆对此提出了大胆的挑战，说了与此相反的意见："让我来说的话，我跟他不一样。你拿着杖，我要夺了它；你要没拿，我却要给你。我要说的是这样：看你能否用得了杖。你若用得了，德山是你的先锋，临济是你的后卫。你要用不了，把杖还回原主。"[3]

有个僧人，走到睦州前问："超过一切的佛和祖师的，最为智慧的一句是什么？"师父在众僧前拿出拄杖，说："我叫这东西拄杖，你们怎么称它？"提问的僧人，一句话也接不上了。师父又拿出拄杖，说："超越佛和祖师的一句——那不

1　长庆慧棱禅师（863—932），拈拄杖示众云："识得这个，一生参学事毕。"（《葛藤集》）

2　芭蕉慧清禅师，上堂拈拄杖示众云："你有拄杖子，我与你拄杖子。你无拄杖子，我夺却你拄杖子。"靠拄杖下座。（《五灯会元》卷九；《禅林类聚》第十六；《无门关》，第四十四则参照）

3　大沩慕喆云："大沩不然。你有拄杖子，我夺却你拄杖子。你无拄杖子，我与你拄杖子。大沩既如是，诸人还用得也未。若人用得，德山先锋，临济后令。若也不得，且还本主。"（同上）

是你刚问的吗?"[1]

对睦州的话语不以为然的,一定觉得这是什么无聊的玩意。只要是在谈论超越我们意识界限的神圣智慧,那么把杖称作杖与否,不是什么大问题吧。另有一位伟大的禅师云门,他曾说的话,可能更容易接受一些。有一次,他在众人前拿出杖,举起,说:"根据经典可这样说:无知的人认为这是真实之物,小乘佛教的人认为这不存在,缘觉则认为这是虚幻。可是,菩萨承认原本的存在,那本质是空。"师父继续说,"但是,你们看到这个,就叫它杖好了。想走路就走,想坐就坐,只是不可优柔寡断。"[2]

同样是针对这根陈旧的不起眼的拄杖,云门还说了更不可思议的话。有一天,他说:"我的杖化作了龙,把全宇宙都给吞了。山河大地,去哪儿了?"[3]还有一次,他引用"敲空作响,击木无声"这句从前的佛教者说过的话,把杖拿出来,隔空打了一下,说:"痛,痛。"又用杖敲了下木板,问:"有声音吗?""有声。"僧人答道。师父马上骂道:"这个蠢人。"[4]

---

1 睦州因僧问:"如何是超佛越祖之谈?"师蓦拈拄杖示众云:"我唤作拄杖,你唤作什么?"僧无语。师再将拄杖示之云:"超佛越祖之谈,是你问么?"僧无语。(《睦州录》)

2 云门一日拈起拄杖,举教云:"凡夫实谓之有,二乘折谓之无,缘觉谓之幻有,菩萨当体即空。"乃云:"衲僧见拄杖,但唤作拄杖。行但行,坐但坐,总不得动著。"(《古尊宿·云门录》;《五灯会元》卷十五,云门章参照)

3 师或拈拄杖示众云:"拄杖子化为龙,吞却乾坤了也。山河大地甚处得来?"(同上;《碧严录》,第六十则参照)

4 举法法师云:"敲空作响,击木无声。"师以拄杖空中敲云:"阿耶耶。"又敲板头云:"作声么?"僧云:"作声。"师云:"这俗汉。"又敲板头云:"唤什么作声?"(《云门录》)

这样的例子举起来没完没了，这里就此打住。大概有人会这样问："这样的话语，和看清楚自我存在的本性，有什么关系呢？关于这不管怎么看都显愚笨的拄杖的描述，和人生实相这个重大问题之间，究竟有什么关系呢？"

关于这个问题的答复，我附上下面两段文字。一段是慈明的，另一段是圆悟的。从前有个说法会上，慈明说："一片尘土方起，大地就在那里显出了自身。一头狮子里，现出了百亿头的狮子；百亿头的狮子中，现出了一头狮子。实际上有千万头的狮子，但你只须识得一头狮子，一头就行。"说罢他把杖竖起，接着说，"这里有我的一根杖，那一头狮子在哪里？"他点下拄杖，从坛上下来了。[1]

《碧严录》里，圆悟在俱胝"一指禅"的讲义中，表达了同样的思考："一片尘土方起，大地都在那里；一轮花开，世界都现眼前。可是，当尘未起，花未开时，目光往何处放？因此，斩一束丝，则斩断一切；染一束丝，则染尽一切。那现在你们自己，截断葛藤，截断如微尘，运出你们自己的家珍。这样，不论高低，不分前后，遍及自身，使他们都各自现成。"[2]

---

1 上堂云："一尘才举，大地全收。一毛头狮子，百亿毛头现。百亿毛头，一毛头现。千头万头，但识取一头。"乃竖起拄杖云："者个是南源拄杖子，那个是一头？"喝一喝，卓拄杖一下，下座。（《慈明录》）

2 垂示云："一尘举大地收。一花开世界起。只如尘未举，花未开时，如何著眼？所以道，如斩一缕丝，一斩一切斩。如染一缕丝，一染一切染。只如今便将葛藤截断，运出自己家珍，高低普应，前后无差，各各现成。"（《碧严录》，第十九则垂示）

第四章

禅和一般佛教的关系

一、前言

从表面上看禅学，的确有令人觉得奇妙而不合理之处，使信仰原始佛教的虔诚佛徒惊愕不已。在他们眼中，禅不是佛教，它不过是佛教在中国的变形，沦为二流。比方说，下面一句话语，不知他们将如何看待。这句话在《南泉普愿禅师语要》里。[1] 池州的长官崔使君，问禅宗五祖弘忍："你座下有五百门徒，为什么你对其他弟子不管不问，只选出了慧能，作为六祖而把衣钵传给他呢？"五祖回答道："除了慧能，我的四百九十九个弟子都懂得佛教是什么。慧能是以一般标准难以测度的人，所以把衣钵传与他。"南泉禅师对此有评论

---

[1]　池州崔使君，问五祖大师云："徒众五百，何以能大师独受衣传信，余人为什么不得？"五祖云："四百九十九人，尽会佛法。唯有能大师，是过量人。所以传衣信。"崔云："故知道非愚智，便告大众，总须记取。"师云："记得属第六识，不堪无事珍重。"示众云："空劫之时，无一切名字。佛才出世来，便有名字。所以取相。"师又云："只为今时执著文字，限量不等，大道一切，实无凡圣。若有名字，皆属限量。所以江西老宿云：'不是心，不是佛，不是物。'且教后人与么行履。今时尽拟将心体会大道。道若与么学，至弥勒佛出世，还须发心始得。有什么自由分？只如五祖会下四百九十九人，尽会佛法。唯有卢行者一人，不会佛法。只会道，不会别事。云云。"（《南泉录》）

说："在空劫的时代，没有话语。佛陀出世，有了话语，于是我们对记号开始执着了……因此，现在我们往往执着于语言，给自己加上了各式各样的限制。但是，在'大道'里，没有凡、圣之分。一切有名字的东西，都是自己限制了自己。所以，江西的老僧（指马祖，南泉的师父）说：'不是心，不是佛，不是物。'老僧就是这样教导他的弟子们的。如今的修禅者，以此存在为心，通过将它实体化而体验'大道'——这只是空洞的努力罢了。如果这样就可以证得'大道'，他们完全可以等到弥勒菩萨出现（末世时会出现）时再起觉悟之心。这样的人，怎能祈望得到精神的自由呢？五祖门下五百弟子，除了慧能，谁都熟知佛法。只有俗家弟子慧能和他们完全不一样，他完全不懂得佛教*。他只识得'道'，而不知道其他。"

*继承五祖衣钵的六祖，被问及为何是他时，说："因为我不解佛法。"我这里还想引用一下《奥义书》（*Kena-Upanishad*）的一节。比较一下婆罗门行者和这些禅僧，他们在思考及表现方法上，都有着惊人的一致。

"它是由不作思考的人思考的。

思考它的人，不识得它。

理解它的，并不理解它。

它是被不理解它的人理解了。"

道教神秘主义的始祖老子，也提倡同样的精神。他说："知者不言，言者不知。"

对于禅来说，这并不是令人感到意外的话。禅的批评家们一定是对此抱有憎恶感，因为佛教被冷淡地否定，要理解禅，或说"大道"，并不是佛教知识缺了就行不通。而且，似乎"大道"就是对佛教的否定。这是怎么一回事？在下一节我们试图来解答这个问题。

二、佛教的生命及其精神

　　要理解上述的观点，懂得禅传承了佛教的精粹，却不受限于文字表述的信条，我们就必须从佛教的精神入手，去除它一切的外表和附加物。这些东西往往妨碍佛教本来的生命力和作用，容易使我们把非本质的东西，看成是本质的。我们知道，栎果和栎树是不同的东西，但是两者却是成长的连续，因而，逻辑上两者可看成是一样的东西。栎果的本质，细究下来，我们能追寻出它的发展和所处的不同的历史阶段。如果停留在种子的阶段，而没下一步的话，那么它是没有生命的，那是一个完成品。除了作为历史好奇心的对象之外，它在我们宗教的体验上并没有任何意义。同样，当我们研究佛教的本质时，必须了解在其发展的全过程中，引导它到达今天这样圆熟的境界的、不可或缺的精髓是什么。当弄懂这一点时，我们就能从佛教林林总总的面目中，真正地认识它包含的最重要因素——禅。

　　要理解一个现存宗教的构造，有必要把它的教祖和他的教义先切离开来，这样做更为明智。也就是说，把教义发展的决定因素，从教祖及其学说处分开来看。我的意思是，首先，所谓教祖——日后成长起来的一个宗教组织的开山鼻祖，在当初的那个时点，并不成立。第二，在他生存的时间段里，他的弟子们，起码在他们的意识范围内，不会认为师父和他的教诲是毫无关系的。第三，师父的人格对弟子们内心的无意识的影响，在其师殁后，会无比强烈地显现。这种影响一直在弟子心里，在不经意间变得强而有力；然后，在弟子们的心目中，教祖的人格越长越大，渐渐成了其教诲中强劲的内核。换言之，教祖的教诲，变得有着解释他的人格的作用。

不管哪一种现存的宗教，都是作为教祖自我内心圆熟而成就的产物，得以流传后世。但这样的考虑，却是大错特错。信众也因而认为教祖及其教诲是神圣的继承——它们是不容信者本人的经验所违反的宝物——作为信者，应该彻底地信奉它们。这样的考虑，也是大错了。为什么呢？因为这个认识，使我们对自己精神生活的思考完全陷入懒惰，把宗教的内核彻底僵硬化了。然而，这个静态的保守主义，总会遭到动态地看待宗教体系的进步主义者的反对。因此，与其他场合一样，这两股在人类活动各个方面引起纷争的力量，交织而成为宗教的发展历史。事实上，所有历史都是这样的葛藤交缠的记录。宗教里充满葛藤这一事实，是这种葛藤含有某种意义的证据，说明宗教确实是一种鲜活的力量。这种葛藤，会把隐蔽在原初信仰里的意义徐徐揭开，以当初完全意想不到的方法，使这意义的内容变得日益丰富。这样的展开，不光和教祖的人格有关，也与其学说相关，结果是，教义越来越惊人地复杂、混乱，以至阻碍我们正确地把握鲜活的宗教体系。

当教祖还在信者和弟子间游说时，对导师和教示两者，他并不做区分。人们用实际行动体验这些教诲，而教诲则向他们鲜活地诉说。信奉这种教义，就是服从并信奉这位教祖。师父只须在弟子中间，弟子们心中就有感应，从而确信教诲的真实性。他们也许并不完全理解教诲所言，但老师施教时的权威模样，不容他们心中留一丝怀疑的影子，使他们全然相信老师的教诲是不灭的真理。老师和弟子在一起，对弟子说教时，他和教诲二者奇妙地融为一体，在弟子们心中倾诉。而当弟子们退归静处，自我修行，冥想老师所教的真理——这时，老师的面影，一定会浮现在修行人的心目之中。

但是，师父充满威严而强力的人格，不能等同视作真人的肉身时，情形就有变化了。老师的教诲还在那里，弟子也谙熟它们，但是，教诲和老师之间的连结丢失了。教祖和教义紧密连结在一起的锁，永久地被切断了。当弟子们回想教义里的真理时，他们不能不体会到，老师是比他们更有深度、更高贵的存在。意识或潜意识中，老师和弟子相似的一面虽以各种形式存在，现在却徐徐消失了。与之相应地，老师和弟子迥异的一面渐渐变得强力而清晰。结果，这自然地使弟子们确信，老师一定是从他自己独一无二的精神源泉而来。这样神格化的过程不断地往前推进，到了"师父"殁后几个世纪，他终于变成了这个世界的"至上的存在"。事实上，他是拥有肉体的"至高无上者"，在他身上完美显现着神圣的人性。他是"神子""佛子"，是"救世主"。这就是说，他已变得独立于他的教诲之外，而其自身也变成了人们思索的对象。在信者眼中，他成了关心的焦点。当然，教义也很重要——因为它是从至尊之灵口中说出，所以重要，而不一定是因为教义中隐含了有关爱和觉悟的真理而值得尊崇。确实，教义应该在师圣的光辉照耀下得到解释，师父神圣的人格，到如今支配了整个系统。他是"觉悟"之光的内核，救赎只有在信奉他是救世主的前提下，才成为可能。

进一步，这样的人格——即神性的周边，诞生了各式各样的哲学体系。这些体系的本质，都以他的教诲为基础，但根据信众的精神体验的不同，产生了或多或少的差异和变更之处。如果信者不是对教祖的人格怀有深厚的宗教感情的话，这样的事情是绝不可能发生的。教义最吸引信者的，本来就不是教义本身，而是给它赋予生命的东西，不然的话，教义绝不可能成为那样。我们相信某句话语的真实性，往往不是因为它非常符合逻辑，而主要是因为我们感受到生命的流水，引起了我们内心的脉动。我们首先会被那生命的跃动所震撼，然后会付出努力，去实证我们感受到的真理。理解是必要的，但光是理解，我们决不会付出一己的全心全魂，进行这样一场豪赌。

一位最伟大的日本宗教家，曾经有这样的自我告白："我们只须信奉善人大德的教导。念佛，求净土重生。不做下地狱之业。须明了此处。"（《叹异钞》）这里所说并不是对师父的盲从。师父身上，一定有影响人灵魂深处的东西，弟子必须以全身心领受。单纯的逻辑，绝不能让我们心动，必须要有某些超越知性的东西。保罗说"如果基督没有复活，你们的信仰是虚无的，你们不知有罪"之时，他并不是就我们的观念而陈述，而是对我们的精神上向往之处诉说。这件事是否在年代史上发生过，并不重要，我们最为关心的是，如何成就深奥之处的灵性。连"客观事实"这样的东西，也可以由着我们精神生活所想要的结果而成形。作为几个世纪以来取得不断发展的宗教组织，其教祖的人格里，一定含有能充分回答人们精神生活上的诉求的相关特质。教祖一旦辞世，不管他的人格和教诲是否会从信者的宗教意识中分离，只要他足够伟大，他就成为信者们宗教上的中心，他的所有教诲就会以各种方法被用来说明这个事实。

举一个更具体的例子，我们身边的基督教里，有多少是耶稣基督自身的教诲呢？而有多少是来自保罗、约翰、彼得、奥古斯丁或是亚里士多德的贡献呢？基督教宏大的教义架构，是由历代的指导者们，基于他们体验的基督信仰，一步步构造而成的。这不是一个人——就算是耶稣基督——所能完成的事业，因为宗教理论不总是只与历史事实相关。历史事实的重要性，与基督教宗教真理的重要性相比，只能列于其次。宗教真理关心的是应该如何，而不是现今如何、曾经如何。正如当今一部分宗教理学的提倡者所主张的，确立普世正当的准则最为重要，这个目标，不应被历史事件究竟是否为事实一事所动摇。关于耶稣基督是否被称为"救世主"，这是神学者争论至今、悬而未决的一个大问题。有些人认为这争论对于基督信仰来说并不重要，不管这样的神学难题的争论所向如何，耶稣基督就是基督教的中心。基督教的殿堂，是围绕着耶稣建立起来的。佛教者中，也有接受他的教诲、对其宗教体验产生共鸣的人；但是，如他们不接受耶稣基督作他们的主、不以此为信的话，他们就不可能成为基督教的教徒。

因此，基督教并不只由耶稣个人的教诲而形成，乃是由耶稣的人格和他的开示相关的所有教义上、思想上的解释所组成；在教祖殁后也会一直累积下去。换言之，基督并没有创立以其名为号的宗教体系，他只是被他的信徒尊崇为教祖。如果基督到今天还和他的信众在一起的话，大概他不会全部认同现在基督徒所信奉的理论、信仰和相关实践吧。当被问及这么优秀的理论是你所创的宗教吗——也许基督都不知道该如何回答——恐怕他会坦诚相告，今天这基督教神学的精妙，不是他所能预知的吧。但是，从现代基督教徒的观点来看，他们断乎如此主张：他们的宗教的唯一的出发点、最初的人格——只归结于耶稣基督身上，他们的宗教团体经历的诸多建设和变革，并没有成为他们基督教信仰的阻碍。他们和最初在耶稣身边的兄弟一样，是真正的基督教徒。他们的内心需要，使他们通过发展和成长的过程，经历了同一信仰的历史延续。对于某一特别时期的文化现象，当我们视教祖为圣，认为一直要把教义一成不变地传承下去时，其实我们是在蹂躏对追求终极价值的希冀——我自己认为，这是现代进步的基督教者们所选取的立场。

那么，现代的佛教者是以怎样的态度，看待作为佛教真髓的信仰的呢？佛陀的弟子们，怎样看他们的师父呢？佛的本质和价值是什么？当把佛教定义为佛陀的教诲时，它能解释清楚与时俱进而来的佛教生命吗？佛教生命，是佛陀本身内面精神生活的展开，而我不认为它是佛教经典里所记述的"法"（dharma），这实际上究竟如何？佛陀开示的言语里，是什么给教诲赋予了生命，使它在各种切磋争论的深层流动着，逐渐把教诲带到了亚洲全域，成为了佛教的历史特征？这个生命，正是寻求进步的佛教者想要全力捕捉的东西。

因此，把佛教单单作为佛陀自身设立的教义体系和实践，与佛陀的生涯和贯彻其中的教诲并不充分一致。佛教包含了在此之上的东西——佛陀的信徒们所有的体验和思索，特别是信徒们关于佛陀的人格、佛陀与其教诲的体验和思索——这才是佛教最重要的组成部分。佛教不像密涅瓦（Minerva）从朱庇特中生出来一样，一出生就全副武装，从佛陀的心中跳跃出来。把佛教认为是最初即告完成的学说，不过是一种静止的、把持续生长发展的进程切断了的观点。我们的宗教体验是超越时间制约的，它的内容不断扩大，其自身毫发无损，确确实实地在成长和成形。佛教如果是充满生气的宗教，而不是僵死、废弃的历史之镜，那么它必须有能力吸收和同化一切有助于其成长的东西。对一个有生命的组织来说，这是理所当然能做到的事情；而这个生命，自然可以游走在这充满分歧的形态和构造之中。

根据巴利佛教，以及阿含经典的学者的说法，一切有关佛陀自成体系的教示，不外乎总结为"四圣谛""十二因缘""八正道"，以及"无我"（anatman）和"涅槃"（nirvana）。如果是这样，那么所谓原始佛教，只从它的教义方面来说是极其简单的。而最终由小乘、大乘所构造的壮观的佛教殿堂，在原始佛教的教义里却没有任何痕迹。如果我们希望充分懂得佛教，我们就需要进入其深奥之处，到达生生不息的佛教精神的所在。只满足于远观教理表面的人们，是看不到佛教里面阐述佛教生命的精神的。有些佛陀的弟子，不善于从师父所教中更进一步去深刻体会，他们体会不到向师父内心靠近的真正的精神力量。若我们希望能触摸佛教发展的律动，就必须直视、直逼它的深奥所在。不管佛陀如何伟大，他也不能把豺狗变成狮子；豺狗依着它的兽性，也不能理解得到佛陀。就如后世的佛教者所说：只有佛方能理解他佛（唯佛与佛）。只要我们的主观生命达不到和佛陀相等的高度，那么佛陀内面的生命所创造的诸多事物，就不能通达到我们身上。我们不能生存在自身之外的世界里*。因此，原始佛教的教徒从师父的生命中读取的，假如只是他们所写下的这种程度的东西，而没有其他的话，那么这些东西就不能证明佛陀的一切，皆尽于此。恐怕应该有更深地进入佛陀的内心世界的佛教者，他们的意识里含有更为丰富的内容。一言以蔽之，宗教的历史，也是我们自身精神发展的历史。如果从发展的角度看，佛教也应该从生物学的角度去理解，而不能只是作机械性的解释。这样看的话，连"四圣谛"的教诲，也显得藏有更高深一层的真理。

　　*佛陀到达"悟"的境界时，他已经了然此事。他的心感觉了"悟"，却无法传达给他人得知；就算可以告诉他人，佛陀也深知他们不可能真正理解。在佛陀最初的宗教生涯里，他没有急于转动"法轮"的理由大概就在此。佛教文献里属于阿含部的经典《过去现在因果经》（*Sutra on the Cause and Effect in the Past and Present*，第二卷）里这样说道："我的本愿已成。我所得的法无比深奥，以至难解。成佛才可理解其他的佛心。在这个'五浊'（panca-kashaya）的时代，一切都被贪、怒、愚、伪、张扬、自恋等包围；他们福德少、愚钝，完全没能力理解我所证得之法。即使我转起法轮，也一定引起混乱，使他们迷惑，结果亦是不得。不仅如此，他们热衷诽谤，落入歧途，恐怕受着各种各样的苦。我最好还是入定，进入涅槃的境界罢。"

　　作为上述文献初期的译者，印度的佛学者大力（Ta-li）和康居人康孟详（Mangsiang）在公元197年完成的汉译中，有一本《修行本起经》（*Sutra on the Story of the Discipline*）里也说道，佛陀没有提及他决心对悟道一事保持沉默，他只是说自己体得的是完全的智慧，难以理解，也不能解释清楚。它高不可攀，深不可测。"它包含了宇宙所有，渗透入一切所在。"可参照《大本经》(The Mahapadana Suttanta,《长阿含经》)，以及《圣求经》(The Ariyapariyesana Suttam,《中阿含经》)。

佛陀不是形而上学的主张者。当然，我们回避了完全停留在理论问题、达成"涅槃"（nirvana）在实际上毫无作用的问题等的议论。对占据当时印度人心的哲学诸问题，佛陀也许有着自身的见解。但是，和其他的宗教领袖一样，他主要的关心在于思索的实际效果，也就是说不在于思索本身。他集中全副精神去除刺入身体的毒箭，无暇顾及其他。他并不想去研究这根毒箭的历史、目的和构造，因为人的生命太过短暂。然后他把整个世界完完整整地、原原本本地接受了，并以他宗教的直观映照，遵循他自身的评价准则加以解释了。他没有打算在此之上突出更多。他把自己对世界和人生的看法，称作"法"（dharma）。这个名称真是灵活而包罗万象，可它不是佛陀第一个使用的名称；在那之前，这个词被广泛使用的主要语义是仪式和法则，而现在佛陀给予了它更为深刻的精神意义。

佛陀注重实际，不搞形而上的思想方式，这从他的敌对者对他的批判中，也可略见一二。"乔达摩（Gotama）怎么看，都是那独坐在无人的屋里，丢失了智慧的人……连他最聪明的弟子舍利弗（Sariputra），也像个婴儿，简直是愚笨，不识辩论。"* 然而，佛教后世得以发展的种子正在这里。若佛陀专心一意创建理论的话，他的教诲日后的发展是完全不可期待的。无论思考如何深邃、如何缜密，如果它不具有精神的生命，那么它成长的可能性瞬间就枯竭了。"法"是生生不息，走向圆熟的，因为它有着不可思议的创造能力。

*参照《阿含相应部》（Samyukta Agama）汉译，卷32。

确实，佛陀对知性有着非常实用的考虑。他认为，许多哲学问题对于我们达成人生的终极目标是没有必要的，终会得不到解答而被弃置一旁。对他来说，这是理所当然的事情。对于弟子们而言，在他尚活着时，他本身就是教诲中蕴藏的一切，是所有问题的明晰的答案。所谓的法，最关键的部分在他身上都得到了明示。因此，关于"法"（dharma）、"涅槃"（nirvana）、"自我"（atman）、"业"（karma）、"菩提"（bodhi，觉悟）等概念的终极含义，他认为没必要为此耽搁在无益的思索之中。佛陀的人格，就是打开这一切的钥匙。但徒弟们对此认识不够充分，他们觉得明白了"法"的那刻，他们不知道，这种理解其实是依赖于佛陀而存在的。佛陀在眼前——不知为何，就能使弟子们精神上的苦闷得到缓解，使他们感觉有如紧抱在母亲的爱和慰藉的怀里。佛陀真正是这样一种存在*。因此，在他们脑里的各式哲学问题，不必一一向佛陀求解，而佛陀也不愿意把弟子拉进形而上学的坛子里；关于这一点，师徒之间是容易同步的。而且，这一点不只是对佛陀的教诲而言如此，对后世佛教者各自的学说发展，也留下了充分的发挥余地。

    *佛陀的人格里充满了惊人的智慧，让人赞叹崇敬；这在阿含经典中随处可见。举一两例看。"忉提耶之子首迦（Subha-Manava Todeyyaputta）在森林中见到世尊时，被众星伴月般光辉澄静的佛陀的人格，深深打动。他容貌俊美，闪耀着金山般的光芒。他气品庄严，统御万物的情感，脱离所有的激情而归于安宁；他的心海沉静而和谐，是完全的平稳。"（《中阿含经》，*The Middle Agama*，卷38）

    对佛陀人格的赞叹，后来发展成对他的神格化；念佛，或是诵念他的功德，即可防止一切肉体和精神的恶。"以身体口舌，或以心为恶者，临终时但念如来的功德，他必不至落于三恶道，而转生于天。极恶之人亦可重生于天。"（《增一阿含经》，*The Ekottara Agama*，卷32）"沙门乔达摩现身之处，恶魔和邪神一切不得接近。所以，请他来这里吧，如此，使我等烦恼之一切邪神，将自行退散。"（出处同上）以至到了后世，佛教徒理所当然地把佛陀作为"念"（smrti）的第一对象。他们认为这有助于防止心神动摇出窍，使其能达成佛教徒生活的最终目的。以上的引用文句，清楚地指出了以下事实——一方面自始至终佛陀的教诲是美妙无比的"法"；另一方面，佛陀具有不可思议的力量和神圣的功德，因而他的存在不只从精神面而且从物质面上都创出了最为幸运的境况。

    对弟子们来说，佛陀进入涅槃，意味着失去了"世上的光"*。因了这束光，他们真切地得到了洞悉世事的眼光和看法。"法"就在那里。他们遵从师嘱，从法中去观想佛陀，却失去了从前的生猛的效力。僧团的内部严格恪守着规则众多的清规戒律，但似乎这些戒律却失去了应有的权威。他们只得退到了安静之所，冥想着师父的教导；然而，冥想并不带来生命，也不能使心灵充实，而疑问却不绝地向他们袭来。其结果是他们不得不再重新开始思考，一切都需要穷尽推理，给予充分的说明。与弟子们纯真的皈依相对立，形而上学者开始提出自己的学说主张。曾是佛陀亲口所授、被作为权威的命令所接受的，如今变作哲学的主题加以讨论。这样就形成了两派，分占两个领域：激进主义和保守主义互相对立，各种主张和倾向的教派充斥其中。"大众部"（mahasamghikas）和"上座部"（sthaviras）相互对抗，而因二者相违的程度，产生了有代表性的二十个以上的部派。

> *佛陀进入涅槃时，众僧人叹道："如来离去得太早，世尊逝去得太早了。因为太早，大法中绝。所有都留在永远的悲境，因为观察世界的慧眼已然消失。"他们的悲叹，笔舌难尽。对他们来说，根干枝叶都被剥去，大树轰然倒地。他们像被刀所伤的蛇一样扭身呻吟。与师父明示真理的教诲相比，他的人格更是使佛教徒们倾心，因而这样极度悲伤的表现就理所当然了。参考巴利文的《南传大般涅槃经》（*Mahaparinibbana-suttanta*）。

　　然而，不能因为关于佛陀及其教诲的各种见解性质相异，它们不成为构成佛教的基本因素，我们就把这些见解排除在外。恰恰是这些见解，支起了佛教的骨骼；没有它们，骨骼是荡然不存的。对拥有悠长历史的现存宗教，批评者易犯的失误，往往就是把这些见解看作是完成的体系而通盘接受。可实际上，我们认为宗教是有机的、精神层面的东西，它们并不是用圆规和罗盘在纸上画出来的、有几何轮廓的事物；它们拒绝在客观上设限——因为这等于对精神上的成长设限。因此，要认识佛教，我们就要深入佛教的生命中，从内面去理解佛教客观的、在历史中自我发展的进程。佛教的定义，必须是推进佛教精神运动的这种生命力的定义。佛陀殁后，与他的人格、生涯和教诲相关的教义、争论、说明和解释，都成为了构成印度佛教生命的本质的东西。没有这些，佛教就难以成为一项广为人知的精神活动。

　　一言以蔽之，创造佛教的生命和精神的，只有是佛陀里面的生命和精神。佛教是围绕着教祖最深层的意识基础上的建筑物。也许外表与外立面的建筑材料随着历史的进程而发生变化，但支撑起全体建筑的是佛陀（buddhahood），这一点意义永远不会改变。佛陀在世时，根据弟子的能力分别教导他们；换言之，弟子们沿着师父指出的终极解脱之路，尽最善的努力去理解各种教诲里所藏的深意。说是说佛陀用"同一声音"*说法，但皈依者分别用自己的方法去解释、理解，形态自然各异。这种事情很难避免；我们冥冥中都有各自内面的经验，但要说清楚的话，我们还须靠各自创造出来的词语，呼吸的长短深浅不同，也是自然。但对一般人来说，他们内面的经验大概不会那么深刻而强烈，不至于要用到完全独创的词法，他们运用从前独创的精神导师用过的词语，并加以新的解释，也许就已经足够了。历史上无论哪个伟大的宗教，都是以此方法来发展和丰富其思想内容的。有时候，这种繁荣也许意味着上半部分生长过剩，最终埋没了原初的精神。这要求我们以批判的眼光去判断，对其他方面，也应不忘以至今尚且健存的原理去认识它们。以佛教来说，佛陀自身内在的生命，是从以尊他的名为宗的佛教体系的历史中，具体地体现出来的，这一点我们不要有所看漏。禅者主张他们所传的是佛教的精髓——这是因为他们确信，剥去一切历史的、教理的外在衣裳，禅是紧握着生气蓬勃的佛陀精神的。

*参照《无量寿经》(The Sukhavati-vyuha，马克斯·缪勒和南条文雄共编)。第7页里说道，佛陀的发声是无限的声音。《法华经》(Saddharma-pundarika) 第128页里，也说"我以一个声音说法"。"一味之水"（ekarasam vari ）可以生出药草、灌木等各样东西——大乘佛教常用此比喻说明问题。

三、禅在中国

关于"觉悟"（enlightenment）亦即自我实现（self-realization）的教诲，为什么在中国被翻译成"禅"（Zen Buddhism）呢？要理解这点，我们必须先要知道，一般来说，中国人的心和印度人的心有什么不一样。懂得这点，才会点头释然，知道禅在中国的土壤中产生是有其必然性的。佛教在中国这片土地上，尽管条件恶劣，却得到了蔚为壮观的移植和生长。概略地说，中国人是最讲求实际的国民，而印度人是空想而高度思辨的人民。当然，恐怕我们不能因此判断，中国人缺乏想象力，缺乏戏剧性；不过，和居住在佛陀之国的人们相比，他们往往显得灰色、带有土气。

两国的不同地势，在两国人民身上有着显著的反映。热带地方丰饶的创造力，和平凡的冬天的荒凉，形成了鲜明的对比。印度人精于分析，眼目突出，充满飞翔的诗意。中国人是大地生活之子，他们默默前行，绝不会向天上飞而远去。他们在日常生活里，耕种，收拾枯叶，打水，卖东西，尽孝，履行社会的责任，对礼仪体系的践行一丝不苟、无以复加。重视实际，某种意义上就是重视历史，仔细观察时间的行进，记录下时光留下的痕迹。中国人是伟大的记录者，这点完全值得自豪——这和印度人时间观念的欠缺形成了对比。中国人不满足于用笔墨写于纸上的文书，他们还把其行为刻在石上，形成了石雕这一特殊的艺术形式。这种纪事的习惯，也发展了他们的文学。中国人极其富于文学性，一点也不好战，他们爱好和平的文化生活。他们的缺点是，为了文学效果，可以甘愿牺牲事实。也就是，他们很难说是非常正确而科学的。令人赞叹的修辞、美妙的表现，这些爱好往往使实用意识离他们而去。但这里面也有艺术；如充分控制调整，他们的稳当冷静，绝不会出现我们在几乎所有的大乘经典中所见的那种幻想的形式。

中国人在很多方面堪称伟大。他们的建筑非常完美；他们在文学方面的业绩，举世瞩目，值得受到感谢。但是，逻辑方面却不是他们的长处；哲学、想象力方面亦是如此。佛教最初介绍到中国时，印度人独特的语法和比喻，一定让中国人看呆了。且看那几个头、多只手的神祇们——这是他们头脑里从没浮现过的映像；事实上，印度以外的国家的人们也从来没有想象过。佛教文学里出现的所有形象，似乎都有着富于想象力的象征。关于无限的数学概念、菩萨的救世计划，还有佛陀开始说法前的舞台装置的轮廓和细微之处，这些他们都无不大胆且确切地加以陈述，螺旋式地提升，一步一步走向确实。这些以及其他的描述都充满特色，对于脚踏实地、实际的中国人来说，一定觉得眼前的佛教文学，令人惊叹不已。

从以下大乘经典里的例子所见，有关想象力上印度人和中国人的不同之处，读者应该可以明白了。《法华经》（*Saddharma-pundarika*）中，佛陀就他成就"正觉"（无上的觉悟）时的时间长度，给弟子解说，使他们留下印象。他没有说——在数字能算的多少年前，他在伽耶（Gaya）城附近的菩提树下觉悟——这样想是错误的；他也不用笼统的说法——说很久、很久以前——这个说法倒是中国人常用的。佛陀用极其分析的方法，告诉弟子们，他到达觉悟的境界是多么远昔的事情：

"然而，你们这些良家子弟啊，事实是这样的。几百千万拘胝（kotis，亿，**古印度最大数量单位**）的远昔，我到达了'无上完全的正觉'。年轻人啊，五千万拘胝前的世界里有土的微尘。这里有一个男人，抓起一粒微尘，跨越五千万拘胝的世界，往东边行去了，在那里把微尘放下。这个男人用此法把这个世界的所有土都搬去了，把一切微尘都同样在东方放下。那么，年轻人啊，是谁数清这个世界的数，想清楚、算明白，然后加以决定的呢？"世尊这样说时，弥勒菩萨（Bodhisattva Mahasattva Maitreya），还有其他菩萨回答道："世尊啊，那是不能数算清楚的。那个世界是无限的，超越了思维的领域。

世尊啊，一切的声闻、缘觉，即使有圣智（arya-knowledge），也不能想象，不能数算，不能决定吧。世尊啊，我们是到达不退不转的地位的菩萨了，但这也是在我们可理解范围外的事情了。世尊啊，那边的世界真是不可数量。"

他们这样说完时，佛陀对菩萨、摩诃萨们这样说："我告诉你们，良家的年轻人，我向你们言明，无论那个男人放置微尘的国度有多少，不放置微尘的国度又有多少，年轻人啊，在那个几百千万拘胝的世界上，我到达了'无上完全的正觉'，在那以后，过去了的岁月，连百千万拘胝的微尘也不能相比。*"

*科恩（Kern）翻译的《东方的圣书》（*Sacred Books of the East*），卷21，299—300页。

这样的数字观念和它的叙述方法，想来定然难以进入中国人心里。当然，他们有能力思考漫长时间的持续，也能懂得这项伟大的事迹，这点他们不会输于任何国家的人。然而，关于无限大（vastness）的思想，以印度哲学家这样的方法来表现，对他们来说，是超越其知识范围的事了。

当事物在概念叙述能到达的范围之外，而且要传达给别人时，多数的人会采取以下的方法吧：要不保持沉默，要不言明此事超越了语言，要不诉诸否定，说这不可能，那不可能；又或者如那人是个哲学家，他会写一本书证明，如此论断问题逻辑上是行不通的。但是，印度人发现了极其崭新的方法，把依赖分析推理行不通的哲学真理，一举解释清楚，用奇迹和超自然现象来对此加以说明。就这样，他们把佛陀变成了一位大魔术师。不只是佛陀，大乘佛经里出现的主要人物，几乎所有都变成了魔术师。依我看来，关于深远的教理以超自然现象来描写这一点，是大乘佛教的文献中最有趣的特色之一。这样似乎不像是大人做的事情；也许有人会认为，这有损严肃的宗教真理的导师——佛陀的威严。但话说回来，这不过是表面的解释。印度的观念论者熟知此道，他们拥有更为敏锐的想象力，当遇到刺激其知性力量的工作时，他们的想象力总能为其驱使。

我们必须要知道，大乘佛教者们是何动机，让佛陀行这魔术般惊人的技艺的。人的知性可及的普通方法，在道理上行不通的话，他会用比喻的手法去说明。知性不能分析清楚佛陀自身的所成之事时，他就运用丰富的想象力，用具象化的方式来施以援手。我们想从逻辑上说明"觉悟"的话，总会被卷进矛盾之中。但如果我们面向象征性的想象力倾诉时——特别是对那些有丰富想象力的人来说——能把问题变得更容易理解。起码可以认为，这正是印度人关于超自然论意义上的思考方法。

舍利弗（Sariputra）向维摩（Vimalakirti）询问："在你这只有一个座位的小房间里，文殊（Manjusri）和几千位菩萨、阿罗汉、诸天大众来慰问你这生病的哲人，怎样才能让大家都落座呢？"维摩回答道："你来这里是为了找椅子坐呢，还是来求'法'的呢……求'法'的人，是在'无'之中寻觅的过程中发现'法'的。"这时候，听到文殊在问怎样才能得到座位，然后拜托名叫须弥灯王（Sumerudiparaja）如来的佛，把高度八万四千由旬（一由旬相当于我们六里多）、装饰庄严的狮子座，共三万两千个全都准备好了。这狮子座送到之时，本来只有一座之宽的维摩的房间，如今不可思议地把文殊一行人物尽数收容，冥冥中他们都端坐在天界的座位中。而且，在毗舍离（Vaisali）城以及世界的其他地方，也没有因此引起混杂的气氛。舍利弗目击这超自然的事，非常惊愕，维摩于是说明道："对于洞悉心灵解脱教诲的人来说，把须弥山封在一粒芥子之内是可能的；将四海之水从肌肤一孔中灌入也是可能的，而且，各种鱼、鳄、龟及其他水中的栖息之物完全不受影响。心灵世界，不受时间和空间的拘束。"

从《楞伽经》（*Lankavatara Sutra*）第一章中，再举一例。这例子在最为古老的汉译《楞伽经》中没有出现。罗波那王（Ravana）通过大慧（Mahamati）菩萨，请求佛陀公开他自身体验的内容。在那刻，罗波那王看到了他不曾想到的光景：他的山庄化成了庄严、饰满宝石的高山，一个又一个的山峰上他看到了佛陀。在一个又一个佛陀跟前，罗波那王和一干人众站立着，十方世界的一切都在那里。然后那众多的国度每一个都出现了如来，在他跟前，罗波那王和贵族、王宫、王庭都在那里，每一个都和实际一样装饰辉煌。在这无数的会众中，大慧菩萨也在那里，他在求佛陀解说其精神体验的内容。佛陀用他无比高妙的声音说法完毕时，突然光景全然消失，佛陀、菩萨、信众也都一同消失了。这时候，罗波那王看到了耸立在古老王宫上的自己，他想道："究竟提问了的是谁？侧耳倾听的又是谁？在我眼前出现的一切是什么？这是梦里吗，还是说只是魔术的幻象？"他进一步思考道："一切事物都如是，由一己之心所创出。心中有分别，种种不同事物就出现了。如果心无分别，事物的真相即可洞见。"这样想着，他向着天空和王宫，高声说道："王啊，你思考得明白。你就按此看法行事吧。"

大乘文学，描写了跨越一切时间和空间的相对状态，记述了超越人精神和身体活动的佛陀的伟大力量。在这一方面，巴利文经典也绝对不比大乘落后。佛陀的"三达智"（threefold knowledge）——过去（宿命智）、未来（天眼智）以及自身的解脱（漏尽智）这三智——自不必说，他也行三种奇特事（three wonders）——神通、慧心、摄受。阿含经（Nikayas）里也描绘了种种神秘事迹，在我们详细讨论这些内容时，其实除了赞美和神化佛陀的人格之外，没有什么其他的目的。

人们记载这样的奇迹，一定是认为这样能让自己的师父在反对者的眼里，显得无比的优秀和伟大。从我们现代人的眼光看，他们这样做有点小孩子气。就如在巴利文《给瓦嗒经》（*Kevaddha Sutta*）里所见，他们认为是师父超乎寻常的行为吸引了旁人的注意，如此，佛教优秀的价值会使人们得到认识。从前印度的大众，甚至是有丰富学识的学者，都非常重视超自然的力量，而佛教者就理所当然地把这个信仰活用到了极致。然而到了大乘经典的时代，我们马上注意到了，在那里描绘的是更为壮观的奇迹，与超自然论或宣传、自我扩张无关，它们直接将经典里的教诲从本质上紧密连结在一起。譬如说，《般若经》（*Prajna-paramita Sutra*）里，佛陀周身发出无数的光芒，照遍了世界天涯。另一方面，《华严经》（*Avatamsaka Sutra*）中，佛陀身体不同的部分，在不同的时间里发光。而《法华经》（*Saddharma-pundarika Sutra*）里，佛陀的眉宇中间，一束光线射出，照耀东方十八万余的佛国领土，这些国土上的一切得以显现，连住在地狱最深层的阿鼻地狱（Avici）的一切也都显现出来。这些大乘佛经的著者们，在描述佛陀的不可思议之力时，显然有着和小乘的阿含经典完全不同的心态。我在这里只是用很一般的方法指出了两者有何不同。有关大乘佛教的超自然论，如从这个角度加以详细的研究，一定非常有趣。

不管如何，大乘佛教的文献里介绍了超自然论，因为它需要指出，从知性的框架去理解灵性是不可能的。这是我一贯的观点，从以上经典的引用，也可以充分看出这一点。一般哲学总是想尽办法，符合逻辑地说明灵性这一事实，但维摩却像吠陀的神秘家（Vedic mystic）巴瓦（Bahva）那样，对此保持了沉默。印度大乘的著者们不满足于这样的情况，于是进一步端出了超自然的象征主义。另一方面，中国的禅者，听从他们自身的直观需要，产生了他们自己的方法，并且必须用这方法，去直面传扬佛教的"觉悟"——这一至高无上的精神体验的大难问题。

中国人和印度人不一样，他们不愿隐藏在神秘和超自然论的云山雾罩里。庄子和列子，也许是古代中国最为接近印度人的心理的；但他们的神秘主义，和壮大精妙又与天齐高的印度大乘佛教者相比，则远远不及。庄子天马行空、腾云巡天之时，已经竭尽其力了。列子驾云驭风、发号施令之际，亦已倾尽其所有能力。后世的道教中人，经历长年的禁欲苦行生活，调制各种奇珍药草，服用不老不死之药，做着升天的美梦。就这样，中国出现了不少隐者，他们远离人迹，住入深山。但是，和维摩、文殊、阿罗汉等诸人相比，在历史上中国的哲人、圣者，未有能与之匹敌的人物记载。在中国，杰出的人物，决不言及奇迹、不可思议、超自然论（不语怪力乱神）——这个儒家的说辞，正确地表述了中国人的心理。中国人奉行的是彻底的实际主义，他们必须把"觉悟"嵌入日常生活去加以解释，他们非找出这样独自的方法不可。不管如何，他们都要创造出这最深入的精神体验的表现——禅。

超自然论的比喻方法，不合乎中国人朴实的性格。如果是这样，那么中国支持"觉悟"体验的人们，将用什么方法表现自己呢？他们会采用"空的哲学"（Sunyata philosophy）方法吗？不，这不合乎他们的喜好，也不是他们内心的才干所能到达的。"般若波罗蜜多"（Prajnaparamita）是印度人的创意，而不是中国人的作品。中国诞生了庄子和六朝的道教梦想家，却没有诞生龙树（Nagarjuna）、商羯罗（Sankara）这样的大师。

中国人的特质却在别的方面体现。当他们开始消化理解佛教的"觉悟"时，打开他们具体而实际的心灵的唯一方向，只能是指向禅的诞生。他们眼前看着印度大乘佛教的著者们所开展的惊人业绩，然后接触了中观派（Madhyamika）的思想家们高度抽象的思辨，最终到达了禅的境界——这是多么异样的光景。佛陀的额上没有发光，他身旁也没出现一众侍奉的菩萨。实际上，那里没有什么奇怪的、不可想象的，或是超越认知的、逻辑推论之外的东西，没有什么打动我们感觉的东西。在那里有关系的，都是和我们一样的普通人，不用面对抽象的概念和辩证法的难题。山峦向天耸立，河流奔流入海，草木逢春发芽，花开日渐鲜红。月华清辉遍地，诗人在浅醉中吟诵永恒的和平。人们也许会说，这太过单调、太过平凡；但是，那里是中国人的精魂所在，佛教正是在其中培育而成。

佛是什么？——僧人如此问，师父即指向佛殿里的佛像。[1]没有任何的说明，也没有引起讨论的东西。如果心是说法的主题，那么僧人会问："首先心是什么？"师父答道："心。"弟子说："师父啊，我不懂。"师父也不退让："我也不懂。"[2]还有，曾经有个僧人为不死不灭这个问题心烦："如何才能从

1　问："如何是目前佛？"师云："殿里底。"（《赵州录》）
2　云门因僧问："如何是心？"师云："心。"进云："不会。"师云："不会。"（《云门录》）

生死的羁绊中逃离出来?"师父答道:"你在哪里?"[1]明白禅的得道者大概如此,回答问题绝不浪费时间,他们简直就是讨厌议论的人。问答总是很简短,富于决定性,像闪电般展开。有一个人这样问道:"佛陀最根本的教诲是什么?"师父答道:"这把扇子很兜风,凉爽。"[2]这个回答简直陈腐。佛教不可或缺的条文"四圣谛",显然没有纳入禅宗体系的余地。还有,《般若经》里那不可思议的句子"心即非心是名心"(taccittam yaccittam acittam),令我们多么惊奇不已。

有一次云门登坛说道:"禅宗,不需要言语。那么,禅终极的精粹是什么呢?"他这样问自己,展开双手,一言不发走下讲坛。[3]中国的佛教者就是这样接受了"觉悟"的教诲。他们也是这样解释了《楞伽经》(Lankavatara)里的"自证圣智境界"(pratyatmajnanagocara)。对中国的佛教徒来说,这是揭示佛陀精神体验的唯一方法。不依赖于知性之力,不依赖于分析,也不依赖于超自然力量,直接从我们的实际生活中去揭示。亦即是,只要生命是在现实中存在,它必然超越概念和比喻;要理解生命,我们必须跳进去触摸自己的生命。只是拾起其中一部分,或切出其中一部分来检查一下——这样做生命就将被杀死。当我们觉得已经到达生命精髓时,它

1　云门因僧问:"生死到来,如何排遣?"师云:"存什么处?"(《云门录》)

2　汾阳因僧问:"如何是祖师西来意?"师云:"青绢扇子足风凉。"(《禅林类聚》第四)

3　云门示众云:"丛林言话即不要。什么生是宗门自己?"代但展两手。(《云门录》)

已经不存在，它停止生存下去，静止不动，全然枯竭。因此，菩提达摩渡来以后，中国人一直用合乎自己的感觉、思考方法，量体裁衣，琢磨如何才能把"觉悟"的教诲深入到人们的心里。他们完美地解决了这个问题，从那时起，构建禅学一派这样的伟大事业，终于在慧能以后的时代达成了。

中国人完全理解了佛教的教诲之时，他们的心所要求的，即是"禅"。我们来看两个基本的历史事实，就知道此事没有议论的余地。首先，禅宗确立之后，风靡中国的是禅学，其他的佛教宗派里，除了净土宗之外，没有一派能得以存续。第二，佛教以禅的形式出现之前，没能建立与中国传统思想间的密切关系。这里提到的中国的固有思想，指的是儒教。

我们首先来看看，禅是怎样变得得以支配了中国的精神生活的。在佛教的初期，中国人对"觉悟"的内在意义，只有在知性上的理解。这是理所当然的，在这一方面，中国人的心中的想象力赶不上印度人。一如前述，大乘哲学的大胆和精妙，一定是令中国人颇为吃惊的。他们在佛教渡来之前，除了道德学之外，能称之为思想体系的东西，事实上几乎没有。但是，在道德学的范畴里，他们自觉认识了自身的力量。就连义净、玄奘这样热心的佛教徒，虽倾倒于"法相"心理学、"华严"形而上学，也承认这一点。他们坚信，道德教养方面，自己的母国绝对胜出，起码没有必要向对方学习什么东西。

大乘的经（sutras）、论（shastras）著书，在中印两国卓越、学识丰富和热情的学者们手中，不断传译，中国人的心被引去探究前所未至的深层领域。查看中国佛教初期的传记史，我们发现，注释者、解说者、哲学者的人数，远比翻译者以及所谓"禅那"（dhyana，禅定）的证得者来得多。最初的佛教学者，多数埋头于在知识上消化大乘文学中的种种教义。这些教义不仅深远和复杂，而且互相矛盾，至少从表面上看就是如此。那些想进入佛教思想深奥之处的学者，必须处理好这个矛盾和纠纷。如果他们有足够的批判眼光，事情会来得容易一些，可是初期的佛教学者是万万做不到如此的；即使在现代，带有批判态度的佛教学者，也往往不被视为真正虔诚的佛教徒。他们只会忠实地相信大乘文献里记载的佛陀说过的话，对其真实性从不置疑。那么，他们就要找到方法，把诸种经典里不同的教理加以调和。这意味着在无知、腐败、永远的轮回中，佛陀出现在我们命运流转的世上，而我们要去探求其真正的目的。正是佛教学者的这种努力，使"中国佛教"得到了长足的发展。

另一方面，在认识上消化理解的同时，实际方面的佛教研究也在热心地推进着。有些学者学习有关"律"（vinaya）的文献，有些则集中精神研修"禅定"（dhyana）。但是，这里所说的"禅定"，不是禅宗佛教里所说的禅定——那是冥想，面对无常、事物的无我性、因果律或是佛陀的属性等，集中精神于一处。历史学家认为，禅宗的祖师菩提达摩也属于这种禅定的体验者。作为开创了佛教全新的一派的导师，他的功绩，没有获得充分的评价。这毫无办法，中国人尚未寻到新框架的接受方式。他们对"觉悟"教诲的一切意义，尚未把握得很准。

然而，"觉悟"在实际方面的重要性，在教义错综复杂的迷路中，并没有完全迷失。天台宗的开山祖师之一——智顗大师（538—597），是中国一位伟大的佛教哲学者，他对到达"觉悟"的方法——"禅定"，有着充分自觉的醒悟。他不仅有着非凡的分析能力，而且他思辨的能力，使他还有进入禅定修行的余地。他的著书《摩诃止观》明示了这一点。智顗大师的意图，在于知性的作用和精神的作用，在完美的调和中进行；他认为不能片面地强调"三昧"（samadhi，定）或"般若"（prajna，智慧）一方，而牺牲另外一方。不幸的是，他的门徒渐行渐远，只强调其中一方，偏向知性的汲汲营营而轻视了禅定的实践。日后他们对禅宗倡导者的敌意由此而生，而此事在禅宗佛者身上，也有一定程度的责任。

禅学成为中国的佛教，有赖于菩提达摩（528年殁）之力。是他开始了这项运动，这在专注于实际的国民当中，显然带来了非常大的效果。在他提倡禅的观念那时候，禅还带有印度的色彩。他与当时盛行的形而上的传统佛教不可能完全无缘，故他也曾理所当然地言及《金刚三昧经》（*Vajra-samadhi*）和《楞伽经》（*Lankavatara*）。但是，禅的种子，已经他的手播下了，这颗种子和土地、气候互相调和，看着它日渐成长的，是达摩在中国的弟子们。禅的种子最终结成果实，是从那时过去了两百年之后。禅学，包含着满溢的生命，完全变成了这个国度的宝物，传承了佛教起源以来的精粹，结出了累累硕果。

从菩提达摩到第六代祖师慧能（637—713），实际上是中国禅宗的开山祖师。慧能和他的弟子，把禅从印度借用来的衣裳脱除、舍弃，又亲手裁缝，成衣后又重新穿上了。禅的精神，虽然与从佛陀开始一脉相传、渡来中国的佛教精神一样，但它的表现形式则完全中国化了，完全是慧能他们自创的。从此之后，禅宗得到了令人瞩目的发展。在移植、归化的过程中贮藏的潜在活力，猛然喷出、奔流，使禅宗最终在中国大地上胜利地前行。在唐朝（618—907），中国文化鼎盛，登峰造极，在此期间，伟大的禅僧续出，建僧院，育云水，众多的在俗弟子不仅习得儒教文典，也精通了佛家的大乘之学。皇帝们纷纷对禅的先觉者表达敬意，不落人后；禅僧们被延请到宫廷，在高贵的人们面前说法。后来，因政治原因，在佛教被迫害的时代里，无数贵重的文献、艺术品面临遗失，个别宗派因此式微；但即使在这样的时代，每一次禅宗总是最先恢复元气，以加倍的热情和能量重新开展活动。十世纪前半，五代的时候，中国再度分裂成一些小王国；这种政治状态下，似乎宗教感情是难逢其盛的，但即使如此，禅也像前世一样繁盛，禅师们不受时代所累，得以继续维持着修行的道场。

随着宋朝（960—1279）的兴盛，禅的发展和影响力达到了顶峰，而其他佛教宗派却迅速露出了走向式微的征兆。到翻开元朝（1271—1368）和明朝（1368—1644）的史书，佛教已经几乎等同于禅宗。"华严"（Avatamsaka）、"天台"（Tien-tai）、"三论"（Sam-lun）、"俱舍"（Abhidharma-kosa）、"法相"（Yogacara）、"真言"（Mantra）等宗派，受迫害的结果，就算是未全部灭绝，也因为缺乏新鲜血液，而蒙受了沉重的打击。这些宗派因为不完全同化到中国人的思考方式和感情里，不管如何，灭亡恐怕是迟早的事。那里面，包含了太多的印度要素，阻碍了这些教派在中国的风土里同化。而禅宗却也是得了佛陀心的精粹，它持续繁荣，倾心于佛教的中国人纷纷进入禅的研究中。其他佛教宗派则进入最后的成活期，虽尚且存续，但已不堪回首。今天的中国，能在某种程度上保持活力的佛教形式，也就是禅宗了；然而它有些迎合佛教传入中国时较为兴盛的净土宗的倾向，因而显得略有变形。

中国的宗教史上发生了这样的事态，自有其理由。禅随着佛教思想一起从印度传来中国，原来的比喻、概念、思维方式都遭到排斥的理由就在这里。禅学是阐述"觉悟"真理的最为妥当的文学，它自成一体，产生于中国人自身的自觉。这门文学在许多点上都是独创的，它和中国人的心灵指向完全和谐一体，因而能从根底上强烈地打动他们。菩提达摩教导他的弟子们，必须径直奔向佛陀教诲的精髓，不要被外表上的表现方式所擒获。他劝诫弟子们探究"觉悟"时，不要去追求概念性的、分析性的解释。严格按照文字所述，信奉经典的人们，则对此持反对态度，他们极力妨碍达摩教义的发展；但是，无论如何反对，禅学依然在持续地发展。

弟子们学会了掌握佛教核心事实的方法。一旦这点得以成就，他们就不依赖于输入性的传统表现方法，而使用自己的语言去表述它们；他们不得不放弃使用过去旧的语言。虽然他们也会言及许多构成佛教骨骼的概念，诸如"佛陀"（buddha）、"如来"（tathagata）、"涅槃"（nirvana）、"菩提"（bodhi）、"三身"（trikaya）、"业"（karma）、"轮回"、"解脱"等，但这里头，完全没包括"十二因缘""四圣谛""八正道"等概念。在读禅文学时，如果不知道佛教和禅的关系，那么就算一般认为很有佛教味道的故事，我们也很难认为它是佛教的。药山（751—834）处有引见而来的一个僧人，药山问道："你从哪里来？"答："从湖南来。"师父又问："洞庭湖里水满了吗？"答："还没满。"师父说："奇怪。雨这么下，怎还没满？"僧人回答不上来。这时候药山的一个弟子，叫云严的，说："真的满了。"另一个弟子洞山叫道："在哪一劫中不曾满呢？"[1] 在这问答之间，能看得到任何佛教痕迹吗？他们好像是在谈论平凡的日常茶饭事一样。但是，禅匠们会说，他们的话里充满了禅机。而禅文学里，充斥着这样乍看极端平凡的日常琐事。事实上，从它语言的使用、表述的方法而言，禅似乎真的看起来和佛教没什么关系。正如本章开篇里说的，

1　药山僧问："什么处来？"僧云："湖南来。"山云："洞庭湖水满也未？"僧云："未满。"山云："许多时雨水，为什么未满？"云严云："湛湛地。"洞山云："什么劫中曾欠少？"云门云："只在这里。"（《云门录》）

有个别批评家，把禅学评作是佛教在中国变形的、非主流之物，也有其理所当然的地方。

中国文学史里，有一独特的门类，称为"语录"。正因有这些语录，唐朝以及宋初的中国俗语，才得以保存。中国的文士们，大都蔑视用文言文以外的书体写作，为了作品的高雅，对遣词造句行文，慎重而不遗余力。因此，中国文化初期的文学，都是这样简练的文章范本。而禅匠们呢？他们不一定是对古典文体感到厌烦，和同时代人一样，他们也熟悉什么是高水平的文学；他们也受过充分的教育，有着足够的学识。但是，要准确表现心灵内在的体验，他们发现俗语是强有力、更胜一筹的方法；这大概对不同场合的精神改革者都尤为适用。他们用了最接近自己的感情、最能适合表达其独特观点的方法，去展现自我。他们极力避免使用惯熟、陈旧的专业词语，只因意味陈旧的词语毫无生气和目的，欠缺旺盛的生命力。要描述生的体验，必须要用生气勃勃的话语，而不能是用滥了的比喻和概念。禅匠们就是这样，把当时生动的词汇和语句充分活用了，这恰好证明了下面一件事：在中国，佛教通过禅学，放弃了其作为舶来品的存在，变成了这个国家的心灵的独创物。而禅，因为变身为这个国家自身的产物，而成了佛教各个宗派中唯一得以延续下来的一脉。换言之，使中国人从心里接受了"觉悟"真理的，使他们理解和消化佛教的唯一的形态的，就是禅。

乍一看，禅似乎略显粗野和奇妙，但无论如何，它隶属于佛教的一般体系，这一点是可以下结论的。我们提起佛教，通常我们的意思不光是初期的《阿含经》(Agamas)里记载的佛陀自身的教导，还包括后世所有关于佛陀其人和生涯的哲学、宗教上的思索。他是这么伟大的一个人，以至于他的弟子们有时会把师父的指示，往各自稍有差异的方向去构建和推行各自相关的理论——此事很难避免。不管从全局，还是从个体看，这个世界包罗万象，它虽受我们主观解释的支配，然而这主观的解释，也源于我们内心的必然性，它因我们对宗教的思慕而生，而绝不是反复无常的东西。即便佛陀是我们宗教体验的对象，但他也不会是个例外。佛陀的人格，连同今日佛教之名，使我们所有的思虑和感情，在一己心中得到了觉醒。佛陀揭示的思想里，最为意义深远、果实累累的，是关于"觉悟"和"涅槃"的；在他七十九年的生涯里，这两个事实最为显著突出。与佛陀相关的种种理论和信仰，都是以这两个事实为基础，参照我们自身的宗教体验，而加以理解的。就这样，佛教不再单单是学者们研究思考的对象，它如今拥有了更加广泛的意义。

"觉悟"和"涅槃"，是佛陀在多个世纪以前的历史上展开的两个独立的概念，而从宗教的角度看，两者应看作一个观念。换言之，理解"觉悟"的意义和价值，亦即等同于对"涅槃"意义的觉醒。基于这个立场，大乘佛教者分别向两种思想源流发展了。一种是求于我们知性上的努力，在知性可及的范围内，把研究向前推进；另一种是因循佛陀，实际上是全体印度的求道者所实践的方法，即在"禅定"的修行中寻求与"觉悟"直接相连的东西。不管往哪个方向努力，在敬虔的佛教徒的宗教意识的深奥处，横亘在前的一定是最初的宗教冲动——这点无需赘言。

在佛陀殁后两三个世纪中编撰的大乘经典里，这里提到的观点已经得到证明。其中，特别是为普及禅宗而作的《楞伽经》（Lankavatara）里，对"觉悟"的内涵不吝篇幅，从心理学、哲学以及实际的各种角度去尽力描述了相关的内容。这些东西随后到了中国，当中国人凭着自己的思考和感知方式把它完全消化时，那时的经文主题，已被我们今日认为富有禅意的方式所完全表述。到达真理的道路有许多，沿着这些道路，真理深入人心。真理发挥作用时，遵从一定的制约，并因着制约进行选择。总体来说，印度人过剩的想象力导致了超自然论，使之成了显著的特征；而中国人由着他们实用性的意识，以及他们对具体的日常生活的喜爱之心，最终导致了佛教禅宗的产生。行文到此，我们就可以理解禅宗大师们所提示的各种禅学的定义了，虽然对大多数读者来说，这种理解，目前也许只是停留于假设之上。

有人问赵州，禅是什么。赵州回答道："今日天阴，不作回答。"[1]

---

1 僧问："如何是禅？"师云："今日天阴，不答话。"（《赵州录》）

同样的问题，云门的回答是："是那个。"[1]而在别的场合下，师父又没那么肯定了，他说："想说的话一句也没有。"[2]

禅师们给禅下的定义有好几个，作为主张经典里的"觉悟"的禅学，他们是从哪些关系上考虑的呢？是以《楞伽经》的方式去考虑，或是以《般若经》的方式去考虑的？不，禅学必须行自己的路。中国人的心，拒绝盲从印度式的成形。如果读者想进一步驳论，请一读下面这段文章：

有个僧人，向住在巴陵山的鉴和尚问道："祖师的教诲和经典里所说，有何差异？或是没有差异？"师父答道："寒冷来时，鸡飞向树上，野鸭潜入水中。"五祖山的法演，这样评说道："巴陵的大和尚，只说了真理的一半。要是我，不这样说。我会答，掬水月在手，弄花香满衣。"[3]

1　僧问："如何是禅？"师云："是。"（《云门录》）

2　僧问："如何是禅？"师云："拈却一字得么。"（《云门录》）

3　上堂，举："僧问巴陵鉴和尚：'祖意教意，是同是别？'鉴云：'鸡寒上树，鸭寒下水。'"师云："大小大巴陵，只道得一半。白云即不然。掬水月在手，弄花香满衣。"（《五祖录》）

第五章

禅修的实际方法

依我自己的观点，禅位于一切哲学和宗教的终极之处。所有认知上的努力，假如能产生什么实际效果的话，它最终会到达禅的境地。不，不如说，一切都须从禅出发。一切的宗教信仰，如能证明它为我们的实际生活带来生机勃勃的效用，那么，它一定是由禅而生的。因此，禅的精神不仅仅是佛教徒思想和生活的源泉；在基督教、回教、道教，而且在实证主义的儒教中，都有它的影子。这些宗教和哲学充满了活力，洋溢着精气神，保持着它的有用性和效力——皆因"禅的要素"存在其中。单纯从学者的风气，或从圣职者的气质中，是绝不可能产生信仰的。宗教者需要向内面突进的、舞动的、能发挥作用的力量。知性在其出现的场合里是有用的，但让它支配宗教的全域时，它的生命之源就枯竭了。感情或信心是很盲目的，手头碰着什么就抓什么，固执地把它认作终极的真相。疯狂的信仰就其爆发性来看，表面上也充满活力，但这不是真正的宗教。事实上，遑论其自身的命运如何，它带来的结果，只有是全体的破坏。禅为众人的宗教感情引导了正确的道路，给人们的知性认识赋予了生命。

禅学教人用全新的眼光看待事物，去感知人生与世界的真理和美好，从意识深处寻得新的活力之源，给人生带来充实。换言之，禅解构、考察了人的内在生命组织，打开了一直以来只是梦想世界的大门，见证了一系列的奇迹——这也许可以称之为"复活"。毫无疑问，禅通过其精神革命的全过程，对于思辨要素的反对，无出其右。然而另一方面，禅又极其强调思辨，这一倾向和佛教又非常相像。也许这样说更好些：禅运用了属于思辨哲学领域的语言。的确，与净土宗里饱含的感情要素相比，禅在这方面并不显著。净土门里，"信"（bhakti）字第一；禅与此相反，强调"见"（darsana）或"知"（vidya）的作用。但是，它说的不是逻辑思维、论证的意思，而是指直观的把握。

根据禅的哲学所言，我们太过耽于因袭的思想方法——即彻头彻尾的二元论。"融会贯通"是完全不允许的，按我们日常的逻辑，不会将对立双方加以融合。属神的则不属此世，此世之物与神并不相容。黑不是白，白不是黑。画虎是虎，画猫是猫，两者不是一个东西。水长流，山高耸，这是三段论在这世界上事物和观念的本来模样。而禅，则反其道而行之，代之以新的方法论。在那里，没有逻辑，也没有二元论的位置。我们之所以相信二元论，主要归因于传统的训练；观念是否和事实的真相一致，是需要调查研究的另一个问题。通常，我们对问题不作深刻思索,心感受到了,也就接受了那个样子。接受这一行为非常方便,它在实际中很有效,即使未能抓住本质,人生也可因此变得容易一些。我们作为人,生而保守,这并非因为我们慵懒,而是因为我们至少从表面上来看,是爱好悠闲与和平的。但不久之后,传统逻辑不再适用的时代到来了。我们开始感觉到矛盾和分裂,结果造成了精神上的苦闷;盲从传统思维的时代所经历的那种信心百倍的悠闲已然失去。埃克哈特大师(Meister Eckhart, 1260—1327)说:"我们有意识或无意识地追求轻松悠闲,就如石子触碰大地之前,只能永无止时地翻滚。"在意识到逻辑所包含的矛盾之前,我们所享受的悠闲,显然不是真正的悠闲,只是石头向着大地落下。那么,灵魂果真可在平稳的心中安处的、非二元(不二)的大地究竟在哪里呢?再一次引用埃克哈特的话:"心境单纯的人,觉得神在彼岸端坐,而我们则在此岸。事实上并非如此,神与我——在我感知到神时——两者是一体的。"事物的这个"绝对的一",正是据于禅的哲学基础之上的。

"绝对的一"的思想,不只是禅才有的东西,别的宗教和哲学也有持相同思考的。如果禅只是和别的一元论、有神教同样,只是基于这个原理,而没有其他东西,那么在很早的时候,它就应该已经销声匿迹了。可是,正因为禅具有独特无比的东西,才支撑着它的生命,像其所主张的,成为东方文化的传统至宝。从以下的问答对话里,我们也可以一窥禅学的发展道路。

赵州是中国最伟大的禅僧之一。有一个僧人向他问道[1]："终极的真理，一句话怎么讲？"赵州没有特别的回应，只是说："嗯。"僧人当然从这回答里得不到什么，又问了一回。这下师父怒了，回答道："我不是聋子！"*"绝对的一"或说终极的真理是无比重要的问题，万不可轻率乱来——这就是禅的特征了。禅，总是超越所谓的逻辑，排斥观念的专横和误述。就像刚才说的，禅从不轻信知性，不依赖传统、二元的推理方法，而是独辟蹊径去应对问题。

*在别的场合，赵州也被问及"第一句"。赵州咳了一下。僧人道："这不就是那个吗？""啊啊，老人咳嗽也不允许吗？"——老僧马上这样回答。赵州在另一个机会也提到了"第一句"。僧人问："一句是什么？"师反问："说什么？""一句是什么？"这回师父断然说道："你弄成两句了。"[2]

有一次首山被老僧问道："有一句，能解出的话，可消灭无量劫的罪业。这一句是什么？"首山答道："在你鼻下。""这终极的意思是什么？"首山说："我能说的就是这个。"——这就是师父下的结论。[3]

1　赵州（778—899）因僧问："如何是一句？"师应诺。僧再问。师云："不患聋。"（《赵州录》）

2　僧问："如何是第一句？"师咳嗽。云："莫便是否？"师云："老僧咳嗽也不得？"僧问："如何是一句？"师云："道什么？"僧问："如何是一句？"师云："是两句。"（《赵州录》）

3　首山省念（926—993），因僧问："一句了然超百亿。如何是一句？"师云："到处举似人。"僧云："毕竟事如何？"师云："但知恁么道。"（《传灯录》卷十三）

议论进入下一步前，姑且再举一例。老赵州在别的一个场合，被这样问道[1]："一束光线分成百千束。请问这一束光线从何而生？"*这个问题和之前的一样，是深邃、难解的哲学问题。但老僧并未因此多费时间回答，也没有饶舌于议论，他一言不发，只脱了一只鞋扔掉了。这究竟是为什么？要理解这一切，我们需要打开"第三只眼"，学会从崭新的角度理解事物。

*对于这个问题，有多种答案。最为周知的是前述赵州的答案。再来看看其他几例。一个僧人，问利山禅师："都说万物归空。但空归向哪里？"利山答道："你来说这个，舌头短了点。""怎么就短了点呢？"利山说："内外都只是一如。"[2]

有个僧人问黥山："诸缘消失处，一切归空。但是，空归何处？"师呼喊僧的名字，僧应："在。"师父提示他说："空在哪里？"僧答："请教师父。"黥山答道："这就像波斯人吃胡椒一样。"[3]

一束光，如果其起源要讨论的话，那就是原因论的问题。但是，这里的提问要解决的问题，是关于空的最终归宿，因此是个目的论的问题。然而禅是超越了时间和历史的，它只注重

1　赵州因僧问："一灯燃百千灯。一灯未审从什么处发？"师便趯出一只履。（《赵州录》）

2　利山禅师。僧问："众色归空。空归何所？"师云："舌头不出口。"云："为什么如此？"师云："内外一如故。"（《禅林类聚》卷七）

3　黥山和尚。僧问："缘散归空。空归何处？"黥云："某甲。"僧应诺。黥山："空在何处？"曰："却请和尚道。"黥曰："波斯吃胡椒。"（《传灯录》卷八）

目的，是没有开始也没有结束的生成的过程。知道一束光的源头时，也知道了空在什么时候结束。

那么，禅匠们是如何展示对事物新的看法的呢？他们的方法，气势不同一般，而且是非常套、非逻辑的，故而对初学者来说几乎是不可解的东西。本章的目的就是按以下的标题，分类加以叙述：

一、基于口头的方法；

二、直接的方法。

第一个方法，可以分成下面几节：1.反论；2.超越悖论；3.矛盾；4.肯定；5.反复；6.叫喊。

一、基于口头的方法

1. 反论

众所周知，神秘主义者在诉说自己的见解时，喜欢使用反论。比方说，基督教神秘主义者说："神是实在的，而且他是无，是无限的空。他既是所有存在，也是所有非存在。神的国度是实实在在、客观存在的，它同时存在于我们自身当中——我自己既是天国，也是地狱。"埃克哈特的《神圣的黑暗》《不动的动者》里的例子也是同样。从神秘主义文学里随意可捡拾这样的词汇，甚至可以编成一本有关非合理神秘主义的专著。

在这一点上面，禅也没有例外。但是，禅的真理的表现方法中，哪一些是特别可被称为禅的呢？其实，主要是表现的具体性以及它的蓬勃生气。禅，通常拒绝听抽象的声音。傅大士（497—569）说：

空手把锄头，步行骑水牛。

人从桥上过，桥流水不流。[1]

这听来完全不合道理。事实上，禅充满了这种清晰可见的非合理性。"花非红，柳非绿"——这是禅学里一句有名的句子，和"柳绿花红"这一肯定是同样的东西。用逻辑的方式重写，就是"A是A，同时是非A"（A is at once A and not-A）。如此，我是我，而且你也是我。有一个印度的哲学者，他主张"Tat twam asi"——"你是它（Thou art it.）"。所以，天国即地狱，神即恶魔。对于虔诚的基督教徒来说，这样的禅实在是不像话。张公喝酒李公酩酊大醉，"沉默，如雷"，众人皆病，我也病——维摩这般说。必须指出，一切贤明、有大爱的人们，皆为宇宙的"大反论"的化现。

话说至此，已经有些入了岔道了。我想表达的是，不管其他哪个神秘的教义，比起来，禅更为大胆和具体。别的神秘主义，有关生命、神、世界等，一般只作大概的叙述；然而，禅非得把反论性的主张，带进我们日常生活中的每一个角落。禅，冷冷地否定了我们所有最熟悉的经验事实，毫不犹豫。"我在运笔前进，而我一字不写。你眼下也许正读着，而世上却无一读者。我既盲，又聋，但我认得一切的颜色，听见一切的声音。"这样说话的禅僧，要多少有多少。九世纪朝鲜的禅僧芭蕉，有过一个有名的说法："如果你们有拄杖，我把拄杖

1　引自《善慧大士录》。

给你们；如果你们没有拄杖，我把拄杖从你们那儿夺走。"[1]

赵州，是本书引述了多次的大禅匠。被问道：赤贫的人到来时，给他什么？他答道："他缺什么吗？"*又在另一个场合赵州被问道："身无一物的人到来，和他说什么？"他马上回答："放下。"[2]我们也许会向他发问："一物都无，究竟舍弃什么？人穷之时，他何来自足？难道他不应该需要所有的东西吗？"

　　*在别的一个场合，僧人得到的答案是："你守着贫即可。"[3]南院慧颙给的答案令人安心些，他说："你自己手上有一满杯的宝石。"[4]

贫的问题，是我们宗教体验中一个极其重大的问题——不只是物质的贫困，也指向精神上的贫困。禁欲主义，不单单是抑制人类的欲望和热情，它的根本原理中有着更深层的意义，必须要有积极的、高度宗教性的东西包含在其中。"心灵的贫瘠"——无论这句话在基督教里含有什么意思，对佛教徒特别是禅宗佛教徒来说，这是一句意味深长的话语。僧人清税，来到曹洞宗的大禅师曹山处，说道："我很穷，又孤独，请师父

1　芭蕉和尚示众云："你有拄杖子，我与你拄杖子。你无拄杖子，我夺你拄杖子。"无门云："扶过断桥水，伴归无月村。若唤作拄杖，入地狱如箭。"（《无门关》）

2　严阳尊者问赵州："一物不将来时如何？"州云："放下著。"者云："已是一物不将来，放下这什么？"州云："怎么则担取去。"（《葛藤集》）

3　赵州僧问："贫子来，将什么物与他？"师云："不欠少。"又云："守贫。"（《赵州录》）

4　南院慧颙。僧问："久在贫中，如何得济？"师云："满掬摩尼亲自捧。"（《南院录》）

赈济。""和尚，你到前面来。"僧人于是走近来，只听师父喊道："你，喝了三盏青原白家的美酒，嘴唇还没沾到吗？"[1]

　　就算赵州的回答里有深刻的含义，这样的反论毫无意义，只会使惯于逻辑训练的我们，感到日暮途穷。"驱耕夫牛，夺饥人食"，这句是禅匠们喜用的话语。但正因如此，它使我们的精神之田得以更好地耕种，对客观实体饥饿的心得以满足——禅匠们是这样考虑的。

　　还有这样的故事。大窪诗佛，画竹很有名。有一次，有人委托他制作一幅挂轴。他使尽所有技法画好了，画中的竹林一片红色。委托人收下了，对他的画法无比惊叹。他去了画家的家里，说："我来向你道谢。可是，你把竹子画成红色的了。"画家说："是这样啊。你希望是什么颜色呢？"委托人说："当然是黑色。"画家说："但是，谁见过黑叶的竹子呢？"人们一旦习惯了对事物固定的看法，让他切换到新的方向上，是极端困难的事。竹子真正的颜色，一定不是红的，不是黑的，不是绿的，也不是其他我们所知道的颜色吧；同时，很可能它是红色的，也许是黑色的，谁知道呢。认为是反论的东西，结果，也可能它其实不是反论。

1　曹山和尚因僧问云："清税孤贫。乞师赈济。"山云："税阇梨。"税应诺。山曰："青原白家酒，三盏吃了，犹道未沾唇。"（《无门关》）

2. 超越悖论

禅在各自表现的形式中，存在着相反的否定。一定程度上，这就等于是神秘主义的"Via negativa"（否定之道）。如禅匠们所说的四句门（catushkotika）中的哪一个都不可捉摸一样。四句包括：（1）是A；（2）是非A；（3）是A，也是非A；（4）不是A，也不是非A。肯定或否定之时，我们按印度的推理方法，不一定只采取这些逻辑方式的一种。一般说来，知性往往习惯在二元之间游走，这是很难避免的。从逻辑的必然性看，大概我们要声明的，必须要有表现的形式；但是，真理却唯有在不作肯定，也不作否定之际方可以到达——禅是这样考虑的。这真是人生的两难困境，禅匠们为求从中解脱而孜孜不倦。他们得到了解放，变得自由了吗？我们下面来看看。

云门说："禅里有绝对的自由。时而否定，时而又肯定。随心所欲。"有一个僧人问道："这个如何去否定？""冬去春来。""春来又如何？""东西南北，横担拄杖，四处漂泊，随心打老树根。"[1] 这是中国一位大禅匠揭示的一条通向自由之路。

香严，是沩山禅师的弟子，有一次说法时说："那犹如人在千尺高的断崖上，他口咬着树枝吊在那里，双足悬空，两

---

[1] 云门有时云："宗门七纵八横，杀活临时。"僧便问："如何是杀？"师云："冬去春来。"僧云："冬去春来时如何？"师云："横担拄杖，东西南北，一任打野榸。"（《云门录》）

手没抓住什么东西。这时候一个男人走了过来，问道：'达摩始祖从印度来到中国，意义是什么？'如果那人开口回答，必定掉下来失去生命；但如果不回答，他就无视了提问者。面临这个危机，他该怎么办？"[1]这个问题提出了实在是各式各样写实性的、悖论式的否定。断崖上的人，陷入了生死的两难困境。在那里，逻辑上找借口是行不通的。有把猫牺牲供上禅的祭坛的，有把镜子摔碎在地上的。但我们的生命该怎么样呢？佛陀说在他的前生，他把人间投入了吞食贪婪的魔鬼之口，连同他的自我及其肉身，而自始至终他听到了真理之歌。实际上，禅也在向我们诉说，催促我们做出与此同样的、高洁的决断，让我们为获得觉悟和永恒的安宁，舍弃二元世界的生命。只有在做出这决断之时，禅门方才打开——禅是这么说的。

3. 矛盾

本节是第三节——矛盾。这是要指出禅匠或禅僧们讲的话，显示了明里或暗里的否定。同样一个问题，他们的回答时而否定，时而肯定；又或者淡淡地否定某些众所周知的、不可动摇的事实。从通常的立场看来，他们所说的难以置信。然而，禅的真理似乎需要这样的矛盾和否定，因为，禅有着

---

1 香严一日谓众曰："如人在千尺悬崖，口衔树枝，脚无所踏，手无所攀，忽有人问：'如何是西来意？'若开口答，即丧身失命。若不答，又违他所问。当恁么时作么生？"（《传灯录》卷十一）

自身独特的判断基准，对于常识心，甚至于确定是真理、事实的一切，都似乎在加以否定。在这表面上的混乱当中，禅的哲学遵循着透彻的基本原理，一旦达到理解的境地，这种颠倒混乱，就会转变成无比清晰的真理。

有一个僧人，向禅宗六祖提问。顺便提一下，六祖是活跃在七世纪末到八世纪初的禅匠。僧人问道："谁得到了黄梅的秘法？"黄梅，是禅宗五祖弘忍居住的山的名字。六祖慧能跟随弘忍学禅，继承了禅宗的正统法系。这件事众人都知道，因此这个提问并不是一个普通的问题，显然有言外之意。六祖即时回答道：

"懂得佛法的，从黄梅处得到秘法。"

"那么，你得到了吗？"

"没有。"

僧人又问道："你没得到秘法，这是怎么回事呢？"

"我不懂佛法。"*

*六祖的法孙石头希迁，也有同样的话。在别的场合也有引用。

这是六祖的回答。[1]

六祖真的不理解佛法吗？还是说，他理解了不会佛法这件事呢？这也是和《由谁奥义书》（Kena-Upanishad）里的哲学一样的。

---

1 一僧问师云："黄梅意旨，什么人得？"师云："会佛法人得。"僧云："和尚还得否？"师云："我不会佛法。"（《六祖坛经》）

这个矛盾、否定或是反论的表现，是禅的人生观必然的结果。禅的重点，是直观地把握隐藏在我们意识深处的真理；他在自己心中打开了真理之门，一旦觉醒，他内心便拒绝知识性的操作，至少，他不能用辩证法的形式向他人传递这些内容。这些东西必须是从自己的心中涌出，在自身中培育，而变成和自己的存在一体。其他的思想和表象做得到的，是去指明真理究竟在哪里——这正是禅匠们所要做的事情。他们给出的指示和路标，不因袭惯性，而是充满活力，体现着自由和独创；他们的眼神，决不从终极真理这一目标移开。因此，他们不会驻足于逻辑的条件和推理，而会驱使最大能力去活用一切，达成目的。有时候，他们故意主张忽视逻辑，从而使我们知道禅和知性是没有关系的。《般若经》(*Prajna-paramita Sutra*) 里有句话就是说这一点的："要讨论的法（dharma）什么也没有——这就是法。"

唐朝的大臣裴休，是黄檗大师座下一位热衷于研习禅的学究。有一天，他把自己写的一本书，是关于对禅的领悟的，拿去给黄檗看。师父拿了放在一旁，没有想读的意思，沉默良久。然后他问："懂吗?"大臣回答道："不懂啊。"师父说道："若有一悟，禅就在那里。但写于纸墨之上的，哪里会有我们的禅宗呢。"[1]

禅是活生生的事实，它只在面对活泼的当下存在。对知

---

[1] 裴相国一日请师至郡。以所解一编示师。师接置于座，略不披阅。良久曰："会么？"裴曰："未测。"师曰："若便恁么会得，犹较些子。若也形于纸墨，何有吾宗。"（《古尊宿语录》第二）

性的诉求，只有在它是源于生命，从中奔走而出时，才是真实和生动的。若非如此，无论堆砌多少文字上的业绩、知性上的分析，对学禅都毫无帮助。

4. 肯定

从前面章节所述，看起来似乎禅不外是否定和矛盾的哲学。但事实上，禅也有肯定的一面，其独特性正是在这里。神秘主义中思辨形式的东西，抑或是精神形式的东西，几乎在所有场合下，它的肯定是一般化、抽象化的，哲学上要特别区分对待的情况很少见。比方说，威廉·布莱克这样吟咏：

一粒沙子里看到世界，

一朵野花里得见天堂。

在你掌中握住无限，

在一时间便觉永远。

我们还可以体会威瑟的歌唱的奇妙的感情：

当泉水叮咚细语

当枝叶沙沙作响

日神已经入睡

当雏菊闭上花容

当树木森然成荫

她在向我诉说

自然的大美

胜过人的万言

要理解这样带有神秘感情的诗意，并不十分困难。也许我们不能有完全相同的体验，但要懂得这些感受性敏锐的人所吟诵的，却不是难事。埃克哈特说："我看神的眼，与神看我的眼一样。"普罗提诺（**Plotinus**）说过"心在内省时，它自身考虑的是以前考虑的东西（亦即禅宗说的本来面目）"，就连他在这样说时，我们也不觉得他所陈述的超越了我们所能理解的范围。他这样的神秘表现所要传达的思想，理解起来也不是做不到的。但如果是禅匠们说的话，怎么理解才好呢——我们会完全变得一筹莫展。他们的"肯定"显得不准确、不适当、不合理，听起来有点笨得可笑——至少表面上是这样。所以，对禅的观点不得要领的人，很难从文字叙述中捕捉到它的正形。

实际上，就算是一个厉害的神秘学家，也很难从知性作用的弊端中完全脱离出来。他们得以前行并到达神圣之地，大概都会留下过程的痕迹。普罗提诺说过"从孤独（alone）飞向孤独"——这是非常优秀而神秘的表达方式，足以表明他是如何深入意识内面神圣的奥秘之处的。即便如此，他的表现仍然带有思辨、形而上学式的残留，引用禅宗大师们常说的话来评价——还是显得故弄玄虚。禅匠们在运用否定、拒绝、矛盾、反论这些手段时，也不能说洗去了一切思辨的气味。只要思辨还是心灵作用的一种，禅当然也不会无由反对它。但我认为，不论是中外、基督教还是佛教，禅在神秘主义的历史中，走的是一条独一无二的路。下面举几个例子，读者应能领会到我的观点。

有个僧人问赵州和尚："根据经典所说，万物归'一'。但这个一，归于何处呢？"师父答道："我在青州时，做了一件衣服，重七斤。"[1] 香林远禅师被问道："菩提达摩从西方来到中国，是何意义？"他回答道："坐久了，累了。"[2] 以上的问答之间，有什么逻辑关系呢？这指的是达摩面壁九年吗？如果是的话，他的传道只是劳累而无益的营生吗？禾山禅师曾被问道："佛是什么？"他答道："我懂得如何打鼓。咚咚咚。"[3] 马祖道一生病时，一个弟子来探望，说道："今天感觉如何？"答道："日面佛，月面佛。"[4] 据说文面上的意思是，太阳是佛的容颜，月亮也是佛的容颜。有一个僧人问赵州和尚："我听说肉体粉碎归于尘土时，有一物永远留

---

1 赵州僧问："经曰：'万法归一。'一归何处？"州云："老僧在青州作得一领布衫，重七斤。"（《赵州录》）

2 香林远禅师。僧问："如何是祖师西来意？"师云："坐久成劳。"（《碧严录》第十七则）

3 禾山。僧问："如何是真过？"山云："解打鼓。"又问："如何是真谛？"山云："解打鼓。"又问："即心即佛即不问。如何是非心非佛？"山云："解打鼓。"（《碧严录》第四十四则）

4 马大师不安。院主问："和尚近日尊候如何？"大师曰："日面佛，月面佛。"（《碧严录》第三则）

存。然而，此物留存在哪里呢？"师父回答道："今早风又很大。"[1]首山禅师被问道："佛教根本的教诲是什么？"他引用下面的诗句作答："楚王城畔，汝水东流。"[2]

睦州和尚被僧人问道："一切诸佛的师父是谁？"他随口说道："叮叮咚咚，咕咚咕咚。"又问道："什么是禅？"睦州答道："南无三宝。"僧人说："不懂。"师父叫道："可怜的青蛙哟，你身上恶业从何而来？"在另一个场合，同样的问题，引出了不同的答案："摩诃般若波罗蜜。"僧人不能理解这句话的终极含义，师父于是继续说道："抖擞多年穿破衲，褴毵一半逐云飞。"

再举一个睦州的例子吧。有一次，一个僧人问他："超越诸佛和祖师的教诲是什么？"师父即时拿起拄杖，对会众说："我叫这个拄杖，你们叫它什么？"谁也没有回答。师父把拄杖往前一出，对僧人说："你不是问什么是超越诸佛和祖师的教诲吗？"[3]

南院慧颙，有一次人家问他，佛是什么。他回答说："什

---

1 赵州。僧问："百骸俱溃散，一物镇长灵时如何？"师曰："今朝又风起。"（《赵州录》）

2 首山省念。僧问："如何是佛法大意？"山云："楚王城畔，汝水东流。"（《首山录》）

3 睦州。僧问："如何是诸佛师？"州云："钉钉东东，骨低骨董。"僧问："如何是禅？"师云："南无三宝。"进云："不会。"师云："咄这蝦蟆，得与么恶业？"又有僧问："如何是禅？"师云："摩诃般若波罗蜜。"进云："不会。"师云："抖擞多年穿破衲，褴毵一半逐云飞。"僧问："如何是超佛越祖之谈？"师蓦拈拄杖示众云："我唤作拄杖，你唤作什么？"僧无语。师再将拄杖示之云："超佛越祖之谈，是你么么？"僧无语。（《睦州录》）

么不是佛呢?"别的场合下又回答说:"我又不认识他。"还有这样回答的时候:"等佛出来吧,到时教你。"南院这样的回答,倒也可以接受。但接下来他的表述,就有点挑战了,不管我们的知性和分析如何敏锐。那个僧人接着问道:"那么,你那里没有佛。"师父当场回话明说了:"那你对了。"没想到这引出了僧人进一步的提问:"师父啊,我在哪里对了?"师父答道:"今天是三十日。"[1]

自从理性的黎明以来,人类尽一切智力不断思索经营至今的各种哲学问题,禅学是如何自由挥洒地处理的——从以上例子已充分可见。在本节结束之前,介绍一下五祖法演的一次典型的说法。[2] 禅匠们不时——不,常常降维到二元世界,在那里和弟子们对话,启蒙他们。但是,只要是禅匠们的说法,我们当然会期待他们不同寻常的话语。五祖是十二世纪最杰出的禅匠之一,他是《碧严录》作者、著名的圆悟禅师的师父。曾经有一次,他的说法是这样的:"昨日有个问题萦绕心头,今天我想传给你们。但我这样的老人甚是健忘,我也完全忘记了想说什么,记不起来。"然

1　南院慧颙。僧问:"如何是佛?"师云:"如何不是佛?"又云:"我不曾知。"又云:"彼有即你道。"僧云:"与么则和尚无佛也。"师云:"正当好处。"僧云:"如何是好处?"师云:"今日是三十日。"(《南院录》)
2　五祖法演上堂云:"昨日有一则因缘,拟举似大众,却为老僧忘事都大,一时思量不出。"乃沈吟多时云:"忘却也,忘却也。"复云:"教中有一道真言,号聪明王。有人念者,忘即记得。"遂云:"唵阿庐庐勒继娑婆诃。"乃拍手大笑云:"记得也,记得也。觅佛不见佛,讨祖不见祖。甜瓜彻蒂甜,苦瓠连根苦。"下座。(《五祖录》)

后他停下一会儿，叫道："忘了，忘了。记不起来了。"接着又说："在《聪明王经》里有一句咒语，健忘的人可常念。一念忘记了的就会回来。我且来试试。"他就诵出那经文："唵阿庐勒继娑婆诃。"两手打着拍，大笑着说："记起来了，记起来了。是这样的——觅佛不见佛，讨祖不见祖。甜瓜彻蒂甜，苦瓠连根苦。"说完，五祖就下座离开了。

5. 反复

埃克哈特大师在一次谈话中，言及神与人的关系："这就像人站在高山之前，高喊'你就在那里'时，山就回响'你就在那里'；如他高喊'出来'，山的回响也是'出来'。"与此类似的问答，在禅匠们的话语中也会听到，可把它们归类到"反复"这一类属。要看破这鹦鹉学舌式的意味，对初学者来说也许过于困难。有时这听起来，好像只是对师父的模仿，这种情形下，言语不过是单纯的声音，如果要知道其中有何意义，则需要从山的回响声中听取。但是，理解必须从自己内面的生命中诞生；山的回响，那是给热心探求真理的人一个自我觉醒的机会。把内心的音阶调好，准备好谱写心曲时，师父把旋钮转动，心曲自然而然地流淌出来——这不是从谁那里学来的曲子，而是自己心中的发现。

投子大同禅师是公元914年殁的唐朝禅匠。被问及"佛是什么"时，他答"是佛"；问"道（tao）是什么"，他就答"是道"；问"法（dharma）是什么"时，他同样答"是法"。[1]

对禅匠来说，言语是从他们内面的灵性经验直接奔出的一种呐喊或是叹息声。它的意味乃是从我们自身基于对相同经验的觉察，而从我们心中所出，却不可从外在表现中求。我们要理解禅匠们的话语时，那是我们自身的理解，而不是话语层面的理解。言语可以反映思想，但不能传达经验过的感情。还没有禅的体验的人，不可能让他理解禅；就如没尝过蜂蜜的人，不可能让他知道蜂蜜的甘甜。对这样的人来说，甘甜的蜂蜜，永远是没有感觉的观念而已。亦即是，对他们来说，蜂蜜这个词语是没有生命的。

法眼文益是活跃在十世纪的法眼宗的开山祖师。他曾问他的弟子："差之毫厘，天地之隔。你如何理解？"弟子回答："差之毫厘，实在差了天地之隔。"但法眼说这回答不行。弟子说道："这我就回答不上了，你是如何理解的呢？"师父马上答道："差之毫厘，天地之隔。"[2]

法眼是非常善用反复法的禅匠。还有一个很有意思的例子。德韶（907—971）为了知晓终极的真理，在跟从五十四位禅匠学习后，来到法眼座下。他为学得禅理，付出

---

1 投子大同因僧问："如何是佛？"云："佛。"问："如何是道？"云："道。"问："如何是法中法？"云："法中法。"（《投子录》）

2 师问修山主："毫厘有差，天地悬隔。兄作么生会？"修曰："毫厘有差，天地悬隔。"师曰："恁么会，又争得。"修曰："和尚如何？"师曰："毫厘有差，天地悬隔。"（《传灯录》卷二十四）

了巨大的努力，此事对他而言已经觉得疲劳了，于是他便只加入在僧人们中间。有一天，师父上堂，一个僧人问道："曹溪*源头一滴水，是什么？"师父说道："就是曹溪源头一滴水。"那个僧人对此反复的说法不得其旨，便惘然退下了。但德韶在一旁听到，对禅的真意瞬间中心眼顿开，他多年来藏于胸中的疑问，消逝无痕。从此之后，他完全变成了另外一个人。[1]

*禅宗六祖慧能居住过的曹溪山，这是中国禅宗的发源地。

真理应是外在之物；以二元论的思考方法，它被感知主体所感知，理解它则依赖于知性。但禅宗主张的是，我们就在真理之中，因真理而活，我们不能离开这一点。玄沙曾说："我们如在大海中，头和双肩都在水中，而且我们还悲情地展开两手，求得到水喝。"[2]因此一个僧人问"我自己是什么"时，玄沙马上作答："用自己做什么呢？"假如用知性去分析一下，他说的大概是这样：在谈及自我时，我们必然会立刻把自我和非自我以二元论两立，而陷入理性主义的失误中。禅会说，我们浸在水中——这是事实，为什么不能顺其自然待在水中呢？我们在求水时，把自我置于水和它的外部关系中，等于

1　天台山德韶国师，历参五十四员善知识。皆法缘未契，最后至临川，谒法眼。眼一见深器之。师以编涉丛林，亦倦于参问。但随众而已。一日法眼上堂。僧问："如何是曹源一滴水？"眼曰："是曹源一滴水。"僧惘然而退。师于坐侧豁然开悟。平生凝滞，涣若冰释。（《五灯会元》卷十）
2　玄沙师备云："汝诸人如似在大海里坐，没头水浸却了，更展手向人乞水吃。还么么？"僧问："如何是学人自己？"师曰："用自己作么？"（《传灯录》卷八）

134

是让本来属于自己的东西被人没收了。

玄沙曾招待一个韦姓武官喝茶，武官问他："我们每日都有，却又不知其有，这怎么回事？"玄沙不回答，却给他一块点心。吃完了，武官又问了同一个问题。师父说话了："我们每天用它，只是不知道它罢了。"[1] 显然，这是一场实地教学。又有一次，一个僧人来求教于他，如何才能进入真理的道路。玄沙问他："你听得见那小溪的流水声吗？""听得见。"玄沙答："就从那里进去。"

6. 叫喊

禅僧们被提问时，常常不正面给出道理讲得通的答案，而是发出叫喊声*。话语讲得通，有道理，我们会认为这是通向事物真意的线索。所以当发出不成话语的叫喊声时，该如何应对，这完全令人不知所措。我在本文或多或少也努力给读者提供必要的预备知识，使得读者能在理解这方面的内容时有所帮助。

　　*这令人想起那些神秘学家，把神祇定义为"欲言不能言的一声叹息"。

经常运用叫喊声的禅匠里，最有名的是云门和临济。云

1　师一日与韦监军吃果子。韦问："如何是日用而不知？"师拈起果子曰："吃。"韦吃果子了，再问之。师曰："只者是日用而不知。"问："学人乍入丛林。乞师指个入路。"师曰："还闻偃溪水声否？"曰："闻。"师曰："是汝入处。"（《传灯录》卷十八）

135

门的"关"，临济的"喝"，最得盛名。

临济区分使用四种"喝"。[1]据他说，第一种就像金刚宝王剑；第二种像雄踞于地的金毛狮子；第三种像探杆影草；第四种是完全没有作用的喝。

有一次，临济问弟子洛浦："有人用棒，有人用'喝'，你觉得哪样更靠近真理？"弟子答："两样都不近。""更接近真理的是什么？"洛浦大喊："喝！"听他这样叫，临济打了他一下。[2]本来，棒打是德山大师常用的，往往和临济的"喝"相提并论；但在这个故事里，使棒的是临济，他拿手的一喝，被他的弟子洛浦巧妙地运用了。

从以上六个章节，我们列举了各种"善巧方便"（upaya-kausalya），除此之外，还有两三种"方便"法门。但在这里我不想说明得太过详细。

其中一样"方便"，是"无言"。维摩问文殊关于不二法门时，完全无言。后世有个禅匠，把这个无言评作"有如雷鸣震耳"。一个僧人，向芭蕉慧清请教关于不以任何观念作媒介的"本来面目"时，芭蕉只默默坐在那里。[3]资福被问及

1　有时一喝如金刚宝王剑，有时一喝如踞地金毛狮子，有时一喝如探杆影草，有时一喝不作一喝用。（《临济录》）

2　师问洛浦云："从上来一人行棒，一人行喝，阿那个亲？"洛浦云："总不亲。"师曰："亲处作么生？"洛浦便喝。师便打。（《临济录》）

3　芭蕉山慧清。僧问："请师直指本来面目。"师默然正坐。（《传灯录》卷十二）

什么是应答提问者最妙的一句时，他只是一言不发。[1] 杭州的文喜禅师是仰山大师的弟子，有一个僧人问他："自我是什么？"他也是默然不语；这僧人不知如何理解，再问了一遍，文喜回答说："天空有云，月则不能清辉照出。"[2] 有个僧人问曹山禅师："无言不能表达的，怎样去表达才好？""我不在这里表达。""那么在哪里表达呢？"师父答道："昨天半夜，我床头的三文钱不见了。"[3]

禅匠们在讲坛上，或在回答提问时，常常"沉默良久"。这个"良久"，不总是在指时间的长度。请看下面一例。有个僧人，来到首山禅师跟前，问："弹一下无弦之琴给我们听吧。"师父沉默良久，说："听见了吗？""没有，没听见。"师父说道："为什么不大点声问？"[4]

有一个僧人，向保福禅师问道："想懂得无生的路，则要知道它的源头。师父，那源头是什么？"保福沉默良久，说："那个僧人，刚问我什么来着？"僧人又问了，师父叫道："我又不是聋子！"把僧人赶了出去。[5]

1　资福如宝。僧问："如何是应机之句？"师默然。（《传灯录》卷十二）

2　杭州文喜禅师。因僧问："如何是自己？"师默然。僧罔措。再问。师曰："青天蒙昧，不向月边飞。"（《传灯录》卷十二）

3　曹山本寂。因僧问："无言如何显？"师曰："莫向遮里显。"曰："向什么处显？"师曰："昨夜三更，床头失却三文钱。"（《传灯录》卷十七）

4　首山省念禅师。僧问："无弦琴请师音韵。"师良久曰："还闻么？"僧曰："不闻。"师曰："何不高声问著？"（《传灯录》卷十三）

5　保福从展。僧问："欲达无生路，应须识本源。如何是本源？"师良久，却问侍者："适来僧问什么？"其僧再举。师乃喝曰："我不患聋。"（《传灯录》卷十九）

二、直接的方法

　　终于到了本节，我来叙述一下有关禅宗佛教最剑走偏锋的特征。这些特征不只是和其他佛教门派不一样，而且就我们所知的范围，和所有别的神秘主义也不相同。在前面的章节里，我们一直用语言去表述禅的真理，有十分明了的话语，也有模糊一些的。表面上看也许不可理解，但不管怎样，还是试着用语言来表达说明了。然而，禅僧们如今不经口传，寻求更为直接的方法去表达诉求。事实上，禅的真理是关乎生命的真理；而生命，总在生活、萌动、行动中，不仅仅是在那里苦苦思索。因此，禅的发展，就是实践禅的真理——不，更恰切的说法是活出禅来，而不是一味追求用语言来指引或解释它。这事对于禅来说，是再理所当然不过了。用语言来表示，也就是用思想来说明，而实际上生命活生生之处，逻辑是不存在的——生命胜于逻辑。我们会认为逻辑会对生命带来影响。但实际上，人们并不如我们想的那样，是用头脑思考的理性生物。当然，他会推理，但他不会根据那单纯、纯粹的推理结果而行动，有比推理更为强有力的东西——我们把它叫作冲动、本能，或是更包容性地称作意志。这个意志起作用的过程，就有禅的存在。但是，如果有人问：禅是关于意志的哲学吗？我自己也会变得十分踌躇。如果在非得解释禅是什么的场合，我会指出：禅不是静止的，禅是运动的。我此刻把手举起来——那里头就有禅。但是，在我断言我把手举起来了的时刻，禅已经不见了。同样，在我们假设意志等其他名词所代表的东西存在时，禅也不在那里了。这不是说论断、假设不好，只是那样会离开禅的意味，把它阻隔在千万里之外。断言和主张也能成为禅，但只有是在它们自体就是行为本身，而与要断言的东西毫无关系时，才有可能。指着月亮的手指中不会有禅，只有和一切外在关系相离，思考着手所指处，那里才会有禅。

生命有时在画布上，自己描画着自己，而有时决不重复自己。一旦过去了，就永远过去了。行为也同样，一旦行出了，便再也回不去。生命就是一幅"水墨画"；没有踌躇，没有运用知性，只能一笔画成，也没有机会修改，也不可能修改。生命和油画不同；油画在画家笔下，可以抹消重画，直到艺术家满意为止。"水墨画"一旦加笔，结果是所有都成为污点，画作便失去了生命。墨迹干了之后，修改的地方全部显现出来。生命也是这样的，我们一旦行动起来，就不可能取消了；甚至，一旦通过了我们的意识，便留下了拂拭不去的痕迹。因此，禅必须捕捉它动起来的瞬间，不是之前，也不是之后，这是一瞬间的行为。据传说，达摩离开中国时，问弟子们如何理解禅。有一名弟子，是个尼姑，回答道："这就似阿难（Ananda）看见阿閦佛（Akshobhya Buddha，不动如来）的佛土的样子。只看得一眼，决不再看一眼。"这如箭一般射过，不可重复也不可捕捉的生命特质——禅匠们常常譬喻为电光石火，即闪电光、击石火——这是多么巧妙的描述。

禅匠们采取直接的说明方法，其真意是对如飞箭般逝去的生命，须在其飞逝之中捕捉它，而不是等它已然消失后再来。生命奔走时，是没有片刻工夫去唤起记忆、构造思想的，推理在其中不起半点作用。语言是可以使用的，但花太长时间形成观念的过程中丧失了直接性，往往连同自身自体也一并失去了。用还是不用——即刻就产生了意味，形成了推理，变成了非自身的东西的表述。这和生命就没有了直接的关系，只剩下已然不在的某种东西的回响或者掠影。这就是为什么禅匠们总想避开使用逻辑方法的各种表现以及说法，他们的目的，是使得弟子们把注意力集中在对事物自体的捕捉中，万一有妨碍因素出现，不可把心思导向于它。所以，当我们想从陀罗尼、叫喊或无意义的声音中寻找其中意味的时候，我们其实已经远离禅的真理了。我们必须从自己的心中，从这生命之泉里，不断地觅路前行。一切的语言都是从那里所生，挥棒和声喝、踢球，都是基于此意之上。必须知道这是生命的最尖端的表现——不，更确切地说是生命自身的表现。在那里，直接的方法也不总是生命力的荒蛮主张，它也是温柔优雅的身段,是对呼唤的即刻回应,是倾听溪水的细语、小鸟的欢唱,是我们每天极为平凡的生活的全部。

有人问道:"佛陀诞生'以前'的事,究竟是如何的?"灵云竖起了拂尘。"佛陀出现'之后'的事,又是如何的?"灵云又再竖起了拂尘。[1] 这竖起拂尘的方法,多为禅匠喜用,以此揭示禅理。前面章节也提到,拂尘、挂杖都是禅匠的宗教标志之物,在回答僧众问题时常常使用。有一天,黄檗希运禅师上坛,僧众聚拢,师父拿起挂杖把众人赶出去了。大家都快散去时,师父又叫他们回来,众人惶惑不解。师父说:"月似弯弓,少雨多风。"[2] 禅匠们就是这样以挂杖起到效用的。挂杖变成能这样解释深奥的真理的道具,还真不知道是从谁而起。

就如禅匠们所说的,禅就是我们的"平常心"。换言之,禅外表看来是超自然、异常、高度思辨什么的,其实超越于日常生活之上的东西什么都没有。我们总是困了就睡觉,肚子饿了就吃东西。这与天上的飞鸟、原野的百合"不要为生命忧虑吃什么,喝什么,为身体忧虑穿什么"(《圣经·新约全书》)是同样的道理。这是禅的精神。

龙潭崇信是天皇寺道吾的弟子,他做侍者服侍师父,在道吾身边待了一段时间。有一天,他对师父说:"我到你身边来后,关于修行还没得到过你的指导。"师父回答道:"你来

---

1 灵云志勤。僧问:"佛未出生时如何?"师竖起拂子。云:"出世后如何?"师亦竖起拂子。(《禅林类聚》第十六卷)
2 黄檗希运禅师:"月似弯弓,少雨多风。"(《黄檗录》)

之后，我一直在指导你如何修行啊。""师父，这是怎么一回事?""你端茶来，我不是接了吗? 你让我吃饭，我不是拿起筷子了吗? 你来施礼问候，我不是回礼了吗? 我哪里偷懒没指导你呢?"龙潭低头良久，又说:"想见就马上见，但你一思考，那东西就不见了。"[1]

直接的方法，讨论至此，它并不涉及伴有身体伤害、精神冲击等暴乱式的行为。但禅匠们认为必要时，对弟子施暴也毫不犹豫。临济禅师就因他直接、强烈的指导方法闻名，他的刀尖直指人心。他有一个叫定上座的弟子，问师父佛教的根本原理是什么。临济从座上下来到弟子前，一把抓住他，打了一掌。定上座不知如何接受这个行为，在那里呆站着，旁边的一个僧人说他怎么不给师父施礼。于是他赶忙给师父施礼，半途中，定上座突然大悟到了真理。[2]后来，有一次他在过桥，偶遇三名佛道修行者一行，其中一人向定上座问道:"禅河其深无比，必须探入河底，这是怎么一回事?"临济的弟子定上座马上抓住提问者，要把他从桥上扔下去。同行的二人过来求情，定上座把人放开，说:"要不是你们二人劝阻，我非得把这人扔进

1　龙潭崇信禅师。一日问曰:"某自到来，不蒙指示心要。"悟(天皇道吾)曰:"自汝到来，吾未尝不指示汝心要。"师曰: "何处指示?"悟曰: "汝擎茶来，吾为汝接。汝行食来，吾为汝受。汝和南时，吾便低首。何处不指示心要?"师低头良久，悟曰: "见则直下便见。拟思即差。"师当下开解。(《传灯录》卷十四)

2　定上座初参临济问: "如何是佛法大意? "济下禅床擒住。师拟议。济与一掌。师伫思。旁僧曰: "定上座，何不礼拜? "师方作礼，忽然大悟。(《五灯会元》卷十一)

河底去问问。"[1] 对这些人来说，禅既不是笑话，也不是单纯观念上的游戏，它是赌上生命的严肃事业，是行为之道。

再举一例作为本章的结语。五祖法演有一场说法：

"如果人们要问禅是如何的，我会回答，它就如练习半夜偷窃。有个夜盗贼的儿子，他看到父亲日渐年老，想：若是父亲不能再干这活，家里除了我，谁还能赚钱养家呢，我得要学着做这买卖。他跟父亲谈这个想法时，承认了一件事：有一晚上父子俩破墙而入某大宅，父亲让儿子爬进一个大柜，挑选些好的衣服。可他一进柜里，盖子就被盖上、上锁了。然后父亲走出前庭，砰砰敲门，叫醒了那家里的所有人，自己却从刚才进来的墙洞里逃了出去。这家人兴奋起来了，点燃蜡烛，却见盗贼已经逃走了。儿子躲在大柜里，心里恨着这个无情的父亲。他烦闷极了，突然，脑里闪过一个美妙的主意。他模仿老鼠，发出咬东西的声音，家人听到了就让侍女拿着蜡烛过来了。柜子一开锁，藏里头的人就跃出来了，他吹灭蜡烛，甩掉侍女逃走了。人们在后面追着，看到路旁有口井，他拿起块大石头，扔进了井里。然后，追来的人们聚拢在井边，看着黑暗的井口，想找这盗贼。这时，儿子已平安无事地回到了父亲家里，经历了九死一生，他狠狠地责备他父亲。父亲说：'儿子啊，别生气。先说说你怎么逃出来的。'儿子就把冒险的全过程讲了一遍，父亲说：'看，你已经学会偷窃之术了。'"

---

[1] 师在镇府斋回。到桥上坐次，逢三人座主。一人问："如何是禅河深处，须穷到底？"师擒住拟抛向桥下。二座主近前谏曰："莫怪触忤上座，且望慈悲。"师曰："若不是这两个座，直教他穷到底。"（《五灯会元》卷十一）

第六章

存在主义、实用主义与禅

一

　　在《哲学：东方和西方》(*Philosophy East and West*) 的首刊号里，有两篇论及禅宗思想的论文，显得意味深长。两篇都是由优秀的大学教授——檀香山的 H. E. 麦卡锡博士和辛辛那提的万·梅特尔·阿米斯博士所执笔*。前者运用禅的精神解释歌德的《浮士德》，后者则用禅学去讨论存在主义、实用主义的关联问题。

　　*H.E.麦卡锡：《诗、形而上学和禅》，万·梅特尔·阿米斯：《美国，存在主义和禅》，《哲学：东方和西方》第一辑，1951年4月。

　　麦卡锡博士的论文饱含启发性的观点，明确而又充分地解读了《浮士德》里所见的禅的精神。我最初读《浮士德》时，对作品里丰厚的思想深受感铭，仿佛间觉得和禅有相似之处。如博士所言，禅的思想是具有宇宙性的，在那里，不存在东方和西方之别。

　　实际上，禅就是生命本身，它包含构建生命的所有东西。

禅是诗，是哲学，也是道德。在生命活动的方方面面，无处不禅。只要我们想不出生命究竟被什么制约，禅就在我们一个个具体的经验里存在。当然，这不能解释成一种泛在的宇宙论。禅没有隐藏任何东西，一切都在现前，只有蒙蔽了眼睛的人才看不见。

说到禅就是生命，我想表达的是以下观点。亦即是，禅不应封闭在概念论当中，虽然禅使得概念论可能成立。因此，禅不应被视为特定的某种"主义"来处理。在这个意义上，阿米斯博士的实用主义、存在主义与禅的比较，应该说未能戳中要害。禅有独自的表现方法，也有阐述自己的理论体系。然而，我们不能接受这个理论就是禅的说法。

禅的理论中，的确有成为实用主义或存在主义的要素，阿米斯博士的论文就是以此为论点的。所以，博士所言的禅，并不包含原本的禅的全部，这点是清楚的。在此制约条件之上，我大体上同意博士意味深长、唤起人们思考的各种论点。

二

　　借用这个机会，我想从各个角度讨论一下禅，把禅之月从空中引下来，给大家提供一个更为缜密的考察。前面讲过，禅是生命，从我们知性上的认识看，它包含了各种要素。大致分类一下，有包含存在论和认识论的形而上学，有心理学、伦理学、美学，还有宗教学。我们围绕着这些项目来解释一下禅。

　　再重新强调一下，不能把禅概念化了，不管从哪个角度看，禅都应是对实在体验的把握。但另一方面，我们是凡人，谁也不能做到一直无言，还是要找到方法自我表现。因此，假如我们停止对经验赋予表现，那么，我们连一样经验都不可能得到。把所有的传递方法都剥夺了的话，禅也不再是禅了。即使沉默也是一种传递的方法。禅匠们也往往使用这种方法，因为人的沉默，与动物的沉默、天体的沉默不属于同一个范畴；从人的角度看来，连动物和天体的沉默，都胜于最强的雄辩。人生来就永远追求着自我表现，这就是人。人是理性的存在这个观点，正是就此而言的。

禅的概念化是不可避免的，禅必须拥有它自己的哲学。只是有一点要注意，不可以把禅看作是和哲学体系一样的东西，因为禅是哲学之上的无限的东西。那么，禅的哲学究竟是什么呢？

禅是佛教的一个宗派，也是从释迦牟尼觉悟的体验中发展而来的。他的体验，最能被"空"（sunyata）的教义说明。在英文中找到"空"的同义语是件困难的事，我也就只能用"空"的原义来说明，尽量解释清楚。

首先要明确一点，"空"不是一个否定式的术语，像人们译成"空虚"时所想的那样；相反，它是一个有明确意思的、积极的概念。但是，它不是一个假设而成的概念，不是抽象论和一般论的产物，它是使一切存在成为可能的东西。那么，它是内在的，是一切存在中潜在的，是独立的实体吗？也不尽然。相对的世界在"空"当中存在。"空"，包含了全世界，而同时存在于世界每一个事物之中。在"空"的教义里，既不是内在论，也不是超越论；如果可能的话，它包含这两方。假如内在论和超越论互相矛盾的话，"空"就是这个矛盾本身。说到矛盾，人们会考虑有互相对立的两种话语，而"空"是绝对的一，因此，在那里不存在矛盾。

只有处在"空"之外时，我们会感觉矛盾。活在它里面时，不会有矛盾。而禅，是希望我们能活在此间。因而对禅而言，"空"是应该有的体验，而不是应概念化的东西。体验就是知觉，但与我们通常对感觉和知性世界的感知方法不同；在那个场合下，总有一个感知的主体，和一个被感知的客体。亦即感觉和知性的世界，是主体和客体相对立的世界；要感知"空"，就要超越这个二元世界，但同时，又要使用一个不走出这二元世界的某种独特的方法——这是禅所说的。"空"的体验，需要呼唤一种独特的方法。

这个独特的方法，就要使"空"在自己当中停留，使自己成为对自我的体验的客体。亦即是边把自己分裂，边使自己保持合而为一。在一般情况下，这种经验是不可能的，因为在一般的经验世界里，经验已被完全概念化，这个世界实际上是被我们的知性所改造的，并不是这个世界原有的那个真实形态。"空"只有在主体和客体合一时才能体验得到。

哲学家的做法，首先从被改造过的关于世界的经验和逻辑出发，虽然未能看清这个世界的真实，他们就要把这种逻辑嵌入"空"的体验当中。这样的话，"空"必将踏出这个世界，这就破坏了"空"。"逻辑"越深，破坏程度就越深。"空"的正确学习方法，是直接体验它，这是接近"空"的境界的唯一方法。换言之，哲学家们一直以来专心从事的知性作业，它在内心带来的一切负累，必须空前绝后地清除干净；他必须从其思维方式逆行而上。知性和逻辑，虽然是处理相对世界事物的一种有效武器，但要到达存在的根底，到达"空"的境界，我们必须使用别的方法。所谓"别的方法"，就是要抛弃知性这个武器，以全裸的形态飞入"空"中。如前所言，

"空"使这个世界成为可能。因此，我们常把这个世界的事物与其认识方法，往"空"的体验上用，即使发现这些方法无效、没有结果，我们往往还硬着想用。

看见"空"，懂得"空"，亦即是"空"在看自身，懂得自身。这不是从外面看到的、可知的东西，而是自身看自身，自己知道自己。"空"也是自我（atman），亦即自身之主，它不受其他东西的任何制约。这里会产生以下的问题。如果看见、知道"空"是"空"自身的话，那我们人类为什么可以谈论它呢？我们是相对的——我们的知识都是受限的——那怎样在这相对受限的存在中，去得到"空"的体验呢？

答案是：我们就是"空"。我们自己就是"空"，所以能够谈论"空"。如果不是这样，那这世上就不会有什么哲学了。我们之所以能这样推理，是因为它由来于"空"，但推理本身不能把我们导向"空"。推理从"空"而来，"空"就在推理当中。推理中的每一步，都在停止"空"的指引。我们会不断地推理，而"空"也在督促我们超越推理。"空"自己想见到它自身，想知道它自身。"空"的这个欲求，直接带来了推理的效用。但是，推理并不知道自己这个进行过程的原因，它只是在那儿豪言壮语，主张自己的全知全能，而把自己打得粉碎。推理把自己粉碎了，在通往和到达"空"的尝试中，知道了自己无能为力。这是因为，推理在自己的效用中迷失了对"空"的寻求，只想推理到达它自身的终点。亦即是，一切的推理都瞄准这个过程的完成，而在其中起着作用、改变着推理的形态的，正是"空"。当我们作为推理者洞悉这一点时，我们就知道"空"，看见"空"了；"空"也看到了自身，知道自身了。所以，当"空"知道自身时，可以说它不是"空"，而是我们自身了。"空"通过我们自身知道了自己，因为我们就是"空"。

"空"自我觉醒、感知到自己时，也是知道自己、认识自己的时候。描述这一刻，有另外一个名称："如"（tathata）。"空"即是在"如"——这般（suchness）的状态。"如"是佛教哲学里独自的概念，我们在下一节考察一下。

三

　　也许"空"有时会被误解，看成是含有否定的意味；但"如"的概念里，连一点否定的思想苗头都没有。"如"就是按着事物的本来面目去看待，那可是彻头彻尾的肯定思想。看见树，就说是树，听见鸟唱歌，就说是鸟唱歌。锄头是锄头，山是山。鸟飞在空中，花开在原野。这是"如"的话语。有人问禅僧，什么是平常心，禅僧答道："累了就睡，饿了就吃。"这种平常心是终极之道，是佛教哲学最高级的教诲。

　　如果说"空"是否定和拒绝一切的东西，那么"如"就是接受和肯定一切的东西。也许这两个概念看起来互相对立存在，但从佛教的思想来说，两者并不是相反之物，只不过在我们相对的眼光里，是如此看待它们罢了。实际上，"如"就是"空"，"空"就是"如"。万物皆"空"，亦即是"如"。佛教的哲人明确地说："体验'空'之前，见山是山，见水是水；体验之后，却见山不是山，见水不是水。然而再进一步，体验更深刻时，复又见山是山，见水是水了。"这句话有必要加上注释。哲人的"空"的体验，在见山不是山、见水不是水时，很难说到了很深的阶段，因为显然还有着知性的作用在其中，看得见概念化的痕迹，尚未得拂尽尘埃的境界。"空"是真正的"空"时——那就是"如"的一个整体。

正是"如"的概念，使得禅可以接近实用主义和存在主义。它们都把理论的基础置于经验之上，但它们所说的经验，是与相对的世界连结在一起的。禅和实用主义不同，它的不同点来得意味深长。实用主义主张真理是实用的，我们的行为具有目的性；而禅不求效用，没有目的，它强调要远离目的论的意识。用禅学独特的表现，人生就是不停地活着，其后不留一痕。中国禅的创始人六祖慧能，强烈主张"禅定"（dhyana）和"般若"（prajna，智慧）一体，他的真意正在于此。当初慧能听了《金刚经》，使他对禅的真理开了眼，成了他大悟的契机的，是一句内含了同样思想的经文。那一句就是"应无所住，而生其心"，这是人生的非目的论的解释。

目的论是属于时间、相对性、因果关系、道德等等的范畴里的词语，而禅则存在于超越了一切制约的世界里。原野百合，空中飞鸟，它们活着，只是为证明神圣的生命荣光，它们过着不带目的的生活。人生也是如此，不企求身高再长一尺，不忧虑穿什么、吃什么，一日劳作，一日富足，这样的生存状态，难道不是正如飞鸟和野百合般，充满了荣光？这样的生活，难道不是神期待我们去做的吗？亦即是，所有目的论的烦忧、人的差别所引起的复杂性——我们的人生须从中解放出来。时间和目的论相互交错，禅超越了时间，因而禅也超越了目的论。《法句经》第365则，这样说道：

> 那人不在此岸，也不在彼岸。
>
> 他也不在此岸和彼岸。
>
> 他没有烦恼，没有束缚。
>
> 我称此人为婆罗门。*

*《法句经》，那烂陀长老的英文译本，科伦坡日报社，1946年，第63页。

禅和存在主义分道扬镳之处在哪里呢？虽然各种各样的存在主义色彩纷呈，但它们对以下观点的考虑是一致的：有限的人生，远离了无限的神。而且，"无边界的可能性之海召唤来恐惧。虽然可能性意味着自由，而无限的自由，意味着难耐的责任。"*

*《哲学：东方和西方》第一辑，1951年4月，第44页。

禅和这种思想彻底无缘。因为禅认为有限亦即是无限。时间一直通向永远，人与神没有分别。"还没有亚伯拉罕就有了我。"而且，禅在面对无限的可能性、无限的自由、无边的责任时，它无所畏惧。禅和无限的可能性在一起，它自身就是自由，它享受着无限的自由。不管责任多么大、多么难耐，禅背负着这些责任，却像什么都没背似的。用基督教的话来说：把我的重担交给神，不要按自己的意思，要听神的旨意。

这也是禅对于道德和责任的态度。当然，这不是在回避道德责任，在能力范围内，禅在有必要时，牺牲生命也在所不惜。在这一点上，禅把布施（dana）之德，亦即"六波罗蜜"第一要义"施舍"，在"如"的维度来加以进行。那正是像在"电光影里斩春风"一句里描写的景象。

索伦·克尔凯郭尔（S. A. Kiekegaard, 1813—1855）在论述恐惧时，显得些许神经质，而且是一副有病的样子。他异常地感觉到自己离开了神，因而陷入了恐惧。这妨碍了从"如"的基础上充分理解自由的意义。存在主义者一般在相对世界的前提下解释自由，但是，更高维度的自由并不在那里。自由只有在"如"的体验之上才能解释清楚。实用主义者窥探入"如"的深渊时会浑身震悚，陷入不可名状的恐怖。这种情形下，禅大概会这样对他说："为何不跳进深渊里一看究竟呢？"可是，利己主义宿命性的想法，终将会把他拦住，不使他跳进虎穴。

四

对禅而言,时间和永远是同一的,这总是引起错误的解释。一般人认为,禅把时间去掉,置换成永远,把它理解成绝对的寂静或是无为的意思。假如时间是永远的,禅会说,他们忘记了永远也是时间。禅从来不拥护无为。永远,是我们在知性和感觉世界里的日常经验,并不是处于时间制约之外的永远。永远,只在生死之间、在时间的进行中才有可能。把自己的手指举起,这是在时间当中;在指尖跃动着的,却是永远。换用空间的术语来说,这根手指,里面藏了三千世界——这不是象征的说法,这是禅的实际体验。

某种意义上,也许禅可被看成是刹那主义。这和一般解释的意义有所不同。禅拥有刹那中的永远,而另一方面,刹那主义没有永远。刹那主义者认为,流逝而去的一个个瞬间,只是流逝了,那里并不伴随永远。因此,刹那主义在负面的意义上是不负责任的,是违反道德的。它被瞬间的意识支配,不得自由,做不了自己的主。禅把这种心的状态,称作"有所住"的心。"有所住"的人就如囚徒，是束缚于栈上，戴着栅的人。自由的禅者则没有这种住处，他生活在无限圆周的中心*。因此，不管他在何处，他总是在实际存在的中心，他就是存在自身。刹那主义者的人生没有意义，他和动物、植物的生活是一样的——对，生活的内容的确在那里，但那样的生活没有任何意义。为什么呢？因为刹那主义者在时间里生活，但从没注意到永远。对他们而言，一个个瞬间就是一个个瞬间，没有在此之上的东西。如小狗在庭院里跑来跑去，它在享受着刹那的快乐。他们的快乐如动物的快乐一般，那里没有任何意义。

*《法句经》第179、180则中说，"佛心无限宽广，足迹无痕"，这与"不着痕迹"或"桶箍解开了"等大乘佛教的思想是相一致的。

刹那主义也不知道"绝对的现在"的意义。禅在这个绝对的现在中生活，因而感知到"如"。《金刚经》里说："过去心不可得，未来心不可得，现在心不可得。"*这是非常意义深刻的话语，它的考虑如下所述。

*参考《法句经》第348则："舍弃前，舍弃后，舍弃中间。直到存在的彼岸，心得到彻底解放，不再受生死所限。"前、后、中就是指未来、过去和现在。

意识于时间中存在，在时间中起作用，它是时间自身。意识就在佛教哲学所言的"刹那"（ksana）中。我且斗胆将"刹那"译成意识单位（consciousness-unit）；意识将沿着这一个

159

个的单位溯源而去。以时间的用语来说，意识单位就是把时间无极限地细分所得。由于时间的分割是无穷无尽的，一个意识单位，也只有在理论上思考时才有意义。"一刹那"（ekaksana）*这样的终极单位，事实上是不可得的——这正是前面引用的《金刚经》里语句的真意。"一刹那"是不可得的，绝对的现在也是如此；"一刹那"就是绝对的现在、永恒的"现在"。而禅，就是在一刹那间得以成就的。

> *eka的意思是"一"。ekaksana就是一刹那、一念的瞬间的意思。

意识的各个瞬间虽说是"一刹那"，我们却不能取出某一刹那，指示它。"一刹那"，意味着时间从永远中奔走出来，从无意识的深深黑暗当中，意识猛然觉醒起来。"一刹那"觉醒时，"无意识"复活了，或者说，在那一刻"永远"回来插入了时间当中。因此，是通过意识认识了无意识，通过时间认识了永远。所谓永远这样东西，是不存在的，它总是在时间的进程里。不与意识相随的无意识也是不存在的。"一刹那"（ekaksana）还屡屡被称为"aksana"*，这两个词是同义语，"aksana"就是"无刹那"的意思。但是，"无刹那"不是抹杀了意识的意思，它是说在意识当中，和意识同在。"无刹那"即是"一刹那"，并且它不能被当作"一刹那"去捉住，"无刹那"具有永远的积极意义。

> *文字上直译是"无刹那"，汉译可以是"无念"。

无为（akarma）、无心或无念（acitta）、无住（aprasthita）

等等的概念也是同样。它们似乎以否定形式来呈现，但其实都是积极的观念。"一刹那"是"无刹那"，各个行为是无为，各个念头是无念，意识的住处是无处。心于自知的觉醒，不是反复算计的结果。禅是应该这样来理解的，禅也是这样自我表现的。

人们也许会问："这样矛盾是为什么呢？"回答是这样的：这就是"如"，如此而已。所以，这没有任何逻辑，没有分析，也没有矛盾。万物包含了所有形式的矛盾，一切都永远是"如"。A不相对非A而言，就不是A；A是A的前提是必须有非A。这意味着A里面也含有非A。A是自己本身时，它已经在其外了——亦即是非A了。那假如A里面不包含非A的东西的话，A是A的前提是，从A不能产生非A。A是这个矛盾中的A，这个矛盾是在我们开始逻辑推理时才出现的。当我们在"如"的状态中时，任何矛盾都不存在，禅不知道矛盾。遭遇矛盾的是逻辑家，他们忘了制造矛盾的是他们自己。禅却是原原本本地接受一切，矛盾闹不成大动静而自动消除。不体验矛盾的消除，而任由世界毁灭消失，或归于抽象的非实体的事物——那不是禅所要去的方向。

为了解释实际存在而制造概念，另一方面，把概念实在化以至当为实存处理——这可是人心最大的难点。不仅如此，人心把自己造的概念，当作从外面赋予实存的清规戒律，实存要自我表现的话，必须服从这些成规。在知性这一侧用这种态度或思考办法，虽有助于心为其目的去接触自然，但是，心却会因此迷失了生命内面的作用，最终的结果，还是不能理解这一切。我们在矛盾面前总是犹豫不决，不知应如何前进，大概就是这个原因。

《法句经》第369则这样说：

> 比丘啊，把此船放空，
> 船空了，速速前行。
> 斩断贪婪和憎恨，
> 你得去涅槃之境。

"把船放空"，就是把我们心里的所有概念都一举放空。为了知道实际的存在，为了谋求给我们生活带来最大效用，我们在心里构筑了林林总总的概念。如此这般，科学越来越发达，使机器和工具发挥了大用，我们的生活水平也因而有了空前的提高。但是，说到精神化的人生，或者是对人生意义的洞察，很遗憾我们似乎没有取得什么进步。我们的生命之船，与过去相比并没有走得更快。"贪婪和憎恨"——这也是船的所载——不断积累，完全难以斩断；在知性化的过程中，我们无力把贪婪、憎恨从船上卸载。

"空"的教义，并不意味着把"实存的船"放空，这点需要牢记，因为实存本身就是"空"，没有什么应该放空的。"空"是一个积极的概念，就这积极性而言，"空"和"如"是合而为一的。禅从实存看见"空"，在这个实存的"如观"中，可以说禅是根本上的经验论，禅实际上就是经验主义；作为把握实存的手段，它不依赖绕来绕去的方法论，而是去追求"智慧"的直观。禅的经验论是极其根本的，因为它把"智慧"的直观变成一切的直观，成为知性化的基盘。没有比"智慧"的直观，更加令我们去紧密接触实存的了。与此相比，感觉上的经验，则是完全不直接的，因为它已被知性和概念所改造。我们看见树，便称那是树时，我们觉得这是终极的感觉经验；而实际上，这个感觉经验，是被概念化时才成为可能的。树，被"树"这样的概念包裹起来之前，并非是树；而"如"，正是它走在了概念前面，是我们说这是树、不是树之前的信息。那是神也处在自我满足的状态之时，他也还没抱有创造性的思考和意志——这是他还没发出第一个指令"要有光"的时候。我似乎讲得有些过了。"如"的境界，恐已消失在无限遥远的天涯。

五

在某种意义上，禅学里"如"的概念，使我们觉得如同在鉴赏艺术作品或者自然之美。我这里且引用一则俳句，来阐明我想表达的观点。俳句是诗意的表现里最为简短的形式，所以，我们也比较容易把其内容分析清楚。在德川时代末期，有一位叫千代的女俳人，她出生在加贺地方，所以，她为人熟知的名字就叫"加贺千代女"。她写了一首有名的俳句：

> 牵牛花呀
>
> 藤蔓缠吊桶——
>
> 我且取水至邻家
>
> （朝顔や　つるべとられて　もらひ水）

这里有必要解释一下。某个六月的清晨，千代到户外的老井去打水。到井旁一看，牵牛花盛开着，藤蔓却把井口的吊桶卷住了。访问过日本的人，会留意到日出前盛开的牵牛花吧？花瓣凝露欲滴。那天早晨千代出门打水时，鲜花的美丽深深打动了千代的心。怀着对永恒之美的感动，她只默默无言。最终，她开口说了一声："牵牛花呀。"

这一句"牵牛花呀"，大概诗人的魂魄里，关于此花能说的一切都包含在里面了。她能添加的都不过是注脚，所以第一句就此打住。后面两句也是同样。她这一首，把不属于污秽世界的美丽，与受功利主义支配的日常用物作了比较。诗人忘我地凝视着美，过了良久才回归自我。

她没有把缠在吊桶上的藤蔓解开，这可以看出来，她是如何被恍如世外的美丽花朵深深打动的。把藤蔓解开而不损伤花朵，这对她而言是不难做到的；但和绝美的一体感令她心魂俱夺，使她对此不作一想。这花美如天物，怎可以污染上俗世汲汲营营的气味呢？诗人恰好是女性，是要操持家务的农村女性，她不得不考虑她要做的事情。因此她就去邻家取水去了，因为早上的工作要用水——这是她唯一能做的事。就这样，她想起了这相对世界里的生活，从沉浸在美之中，浑然无分别的境界中醒来——这是我们凡人避无可避的必然状态。

我们不能永久地停留在无分别的状态之中。我们总想热心地给每一个经验赋予表现，经由这样的自我表现，我们注意到这些经验变得更加深刻和明显。无言的经验不是经验，表达、分析、作出分别，这些都是人的行径。而动物呢，则可以说不具备任何经验。"如"，不能一直停留在无表现、无分

165

别的状态，它终归要进行概念化操作。另一方面，"牵牛花呀"这一声发出时，是从统一体中脱离出来，这时已经不是"如"的境界了。从自己抽离出来，亦即为了自我而否定自己，这是我们一切既定的必由之路。这个概念化实行的结果必然引起矛盾，这矛盾只能由"智慧"直观的统合，来予以消除。

在心理学的角度而言，诗人千代女从美的冥想中醒来，需要有时间。但形而上学地说，她埋头于同一化之境，与醒来于分别之中，是同一时间的事。这个同时性，造就了"绝对的现在"——亦即是"如"和"一刹那"。这就是禅的哲学。

在"如"当中，也存在着理性的要素。"如"既不单单是对实存诗意的冥想，也不是对它的无我同化。那里有觉知——它就是"般若"直观。"般若"直观也许可以被定义为"无分别的分别"，它的全貌与各个部分同时被直观所观察。在那里，无分别的全貌，和无限分别的个体化部分同时呈现。全貌被分化成众多的部分，但那不是基于泛神论的或宇宙论的方法。全体在各个部分中不失自身，而且分化本身也不丢弃全体。"一"，即是自身不外逸、原原本本的一切；而在我们周边每个变化无穷的、不断变动的事物，在体现"一"的同时，还分别保持着它们的个别性。

六

禅，常常遭受非难：一个人高高在上，游离于大众之外。一定程度上，这是对的。有时，禅者看起来知性高不可攀，生活在清高自洁之境。他们遗世独立，对所属社会有一无所用的倾向。但事实上，禅既有纯粹理性的一面，也有进取和充满感情的另一面。觉悟的体验里，绝不缺乏大悲心（mahakaruna）。但至今为止，历史似乎在阻止禅宗在这方面发挥的作用。禅和别的宗教同样关心社会，但禅强调个人的体验，因而表现得更个人主义一些。在对社会做贡献方面，禅自有一套独自的方法，下面的例子应可表达清楚我的意思。

万物开始之时，亚当被宣判："你必汗流满面才得糊口，直到你归了土。"从那时以来，我们都拼命工作，在被诅咒的大地上披荆斩棘，收获生活的食粮，而且努力"要生养众多，在地上昌盛繁茂"。这对于发展至今日，我们所见之禅学的诞生地——中国来说，更是如此。中国有着庞大的农耕民族，他们勤力耕作。所以，禅匠们理所当然，喜欢用耕作有关的事物作比喻。

六祖慧能，在五祖弘忍处学佛时，一直在内庭从事淘米、砍柴的事工。马祖和弟子一起在田里劳动时，弟子的手推车不小心拽了师父的脚，弄伤了。沩山和仰山在摘茶时，也不忘记讨论实存的问题。有人问百丈死后会怎样，他立即答道："我变作驴马，生在村人家里。"百丈的意思是，为报答村人为他和寺院所做的，他很高兴这么去做。

在禅文学中，在"市集里""十字街头"等忙碌地从事各种工作的话语，以及如"灰头土面"等众多词语，都是在描写肩负重荷、拼命劳作的人们。禅从不蔑视肉体劳动，拒绝白日懒人，这些都是为人所知的事实。百丈素以"一日不作，一日不食"作为座右铭，他心中的准则是当天汗流浃背，然后可得到当天的粮食。在《十牛图》最后的场景中，描绘了面带微笑走进市集的人。市集和山的隐居处形成了对比，市集是人们为社会做贡献的地方，而山里的隐居处，则是人们把自己锻炼成为一个对公共事业有用之才的场所。僧堂，不是逃离世间苦恼之所，相反，它是培养人直面人生战场的修行地，亦即是培养人为社会尽一己所能的地方。

佛教者都说"愿助一切众生渡生命之河"（众生无边誓愿渡），他们对于奉献社会一事显得有些许怠慢和消极，这有一个原因——在佛教盛兴之地，东方人不怎么擅长组织化活动。虽然他们和其他宗教信者一样拥有慈悲的心怀，实践教义不杀其力，但是他们不习惯以组织的方式去实行自己博爱的行为，宁愿不告诉别人他们在做的，而是安静地、悄悄地、独自地进行（积隐德）——他们一直以来接受着这样的教育。当阅读佛教历史有关这方面的活动时，我们会明白，为了大众的福祉和教化，佛教者是怎样尽心尽力的。

最令人伤感的是，对于众多的基督教会、佛教寺院、犹太教会堂、回教寺院，以及一系列实质的或精神上的教育机构而言，我们都显得过于无知、愚钝，太过自我中心了。有时，这使得觉悟的人难免丧胆失落。在许多佛像和圣像里，我们都可以发现它的痕迹。阿米斯博士这样写道："在极度贫困和绝望中，没有感觉也许是最好的。但是，令人伤感的迷惑是，他们以为，大概那就是人生所能得到的最大事物。*"博士所言完全正确。只要是人，他对自己周边发生的各种事情不能毫无知觉。原子弹在人口密集的城市爆炸后，看到所有人的痛苦、苦闷、悲惨的景况，会令他肝肠寸断。而最不可忍受的，是在苦难面前，我们完全无能为力。人们能得到的唯一救赎，如可以实现——那就是没有感觉的福音罢了，想来这真是非人的境况。我认为，所有的团体组织活动，都是个人的思考和行为的集成。上述之事确实令人绝望，它超过了我们个人所能控制的范围。每当我想到这些时，《圣经》里神说出的一段独语，就不由得引起我深深的共鸣：

*上记阿米斯博士的著书，第39页。

"耶和华见人在地上罪恶很大，终日所思想的尽都是恶，耶和华就后悔造人在地上，心中忧伤。耶和华说：'我要将所

169

造的人和走兽，并昆虫，以及空中的飞鸟，都从地上除灭，因为我造他们后悔了。*'"

*《圣经·创世纪》第6章，第5—7节。

神在当今，是否在专心作大事业，除灭地上的人呢？答案似乎是肯定的。如果是这样，人只要为人，就必须要有应对这个事态的态度。禅，能被寄予厚望吗？

第七章

爱和力

人类历史如今走向现代世界，比从前更加紧迫地需要精神领袖，提振精神的价值。从上一个世纪到本世纪，在增进人类福祉方面，我们已取得了许多光辉的成果。但可笑的是，我们似乎已忘了，人类的福祉主要是因精神上的智慧得到训练提高而来的；今日的世界，充满憎恨和暴力，弥漫着恐怖和腐败的空气，其中一部分原因，也是因为我们未能对此充分认识。实际上，不仅是个人，而且从国际和民族的角度看，我们都在为了毁灭对方而不遗余力。

　　今天，我们思考并祈愿实现的种种精神价值里，最为殷切期望的，是"爱"。

　　创造生命的是爱。没有爱，生命连自身也保持不住。今日所见的憎恶和恐怖、污秽得令人窒息的氛围，我确信是因为缺乏慈悲心、缺乏四海之内皆兄弟的精神，而裹挟得来的。人类社会是人们相互依存的关系网的纲目，它无比宏伟、复杂；毋庸赘言，无视这个基本事实，会把我们压得喘不过气来。

个人主义的道德教育，产生了种种有意义的成果，这是非常好的事。但是，我们不能忘记的是，当一个人被其他人孤立，被他所属的生物的、政治的、宇宙论的集团抛弃时，这个人就不存在了。从数学的角度而言，"一"这个数字，和其他存在的无限个数不发生关系的话，它就不是"一"了，它也不可能成为它自身了。"一"这个数字，它自己不能单独存在。从道德或精神的角度而言，不管有没有意识到，个人的存在，是受惠于一张无限延伸、包容一切的爱的关系网的。它不但包括了我们，也一样不漏地包摄了一切存在。这个世界是一个大家族，我们每个人都是它的家族成员。

我不知道人的思维模式，和周边地理有着什么程度的关系。然而，七世纪那时候，一个以"华严哲学"著称的思想体系，在东方开花结果。互相融通、互相渗透、互相关联、互不妨碍，这是华严思想的基础。

当我们理解主张一切相互关联的哲学思想时，"爱"就觉醒了；因为，爱是对他人的承认，是在生活的方方面面善待他人。"我为人人，人人为我"，这是体现爱的要旨。只要意识到世人相互相关，这些观念就会自然产生。

人人都有关联，要善待对方的想法，自然把力的观念排除在外。力这个东西，是从内在关系体制之外带进来的，外力行使总是倾向于专断、独裁和排外。

近来，令我们忧虑的，是某些人不能看穿力的本性，不能利用它为全体的利益服务，而只是不正当地主张、挥霍这个概念。

所谓爱，不是外部而来的、给我们下达的命令。外部的命令，总包含着力。过度的个人主义是培育蛮力思想的温床。自我中心一旦向外行动，就想支配他人，变得自高自大，以至常常以激烈的手段自我主张。

与此相反，爱是因互相关心而滋生，它远离自我中心、自我主张。力在表面看起来强大，似乎难以抵抗，实际上它是在自我枯竭的途中。与此相反，爱通过自我否定，创造力历久常新，它不依赖外部世界的全能之物，而让自己身心发挥作用。爱就是生命，生命就是爱。

生命是一张错综复杂、互相依存的关系网，没有爱的支撑，生命不会丰满。爱以不同的姿态出现，使生命得以成形。它的形态各式各样，个别的形态却容易被看作是终极的实体，力的概念就是由此而生的。头脑的知性越是发达，就越会走向独自的道路，热衷于人世间功利性的成功，这容易导致力的暴用，对周遭环境造成破坏。

爱是肯定式的，是创造性的肯定。爱绝不会走向破坏与灭绝。与力不同，爱拥抱一切，宽恕一切；爱，进入对方心里，在那里合而为一。但是，力的性质是二元的、差别化的，它要粉碎对方，不然的话，就征服对方，把对方变为奴隶般的从属物。

力利用科学和其所统御的一切。然而，科学停留在分析的基础上，它研究无限多种形态的差异和定量测量，如果不

175

能有所超越,它终归不可能有创造性。科学研究上有创造性的,是探究的精神;这种精神因爱的鼓舞而来,而非受力之所压而至。当力和科学有所协同的时候,总给世界带来灾害和破坏。

爱和创造力,其实是同一个实体两面的映像,但创造力常常被从爱中切离出来,一旦如此,创造力便变成和力结合同行。力,其实是比爱和创造力段位低的东西,它把创造力劫持为己有时,就造成了引起各种祸乱的成因。

如前述,力的观念,从二元论的解释中必然产生。二元论的思想,如不承认它背后存在两者统一的原理,那它与生俱来的破坏倾向,就会肆无忌惮地呈现出来。

关于这种力量的夸示,最为显著的一个例子,就见于西方人对待自然的态度。他们惯于征服自然,而绝不说与自然为友。他们登上高山,就宣告征服了山。向天成功发射了火箭,就称征服了天空。为什么他们不说我们和自然的关系越来越融洽了呢?更不幸的是,敌对观念渗透了世界的各个角落,人们把"支配""征服""控制"等话语挂在口边。

力的观念,会排斥人格、互相依存、感谢等等,排斥相互关联的心灵。科学的进步、不断改善的工业化技术,给予了我们生活的恩惠,但不是所有人都均等地得到了这恩惠。力,使得恩惠不能在人类同胞中均等分配,它往往只想独占恩惠。

力是自高自大、独断和排斥的。相反,爱把自己置于低处,而去包容一切。力意味着破坏,甚至是自我破坏,这与爱的创造性是完全反向而行的。爱是死亡之后的再生;而力,则

176

是杀，和被杀。

力是把人改变为物的力量——西蒙娜·薇依（Simone Weil）给出了这样的定义。我想给出另一样定义：爱是把物改变为人的力量。爱是根本上和力相反的东西，爱和力相互排斥，因此，力到之处，爱连个影子都没有；而有爱的地方，力完全无立锥之地。

这在某种程度之内是正确的。但真相是，爱和力不是对立的，爱在一个更高维的世界里，只是力单方认为和爱在作对罢了。诚然，爱包容一切，宽恕一切，它把一切变得柔和，不停地创造，至于无穷。而力在二元世界里，它是固定的，惯于自我主张，走向破坏，以至毁灭一切。当可征服的目标失去时，便调转矛头对着自己，自取灭亡。力的这种性质，不正是我们从今天的世界中所看到的吗？在国际问题上，这种现象尤为显著。

人说爱是盲目的，实际上盲目的是力，不是爱。然而，力完全没有注意到自己的存在依赖于其他东西，不承认自己和比自身大得多的东西相结合，才可以成为自身。不懂得这一点，力就一条直线跳进了自灭的深渊。要想力体验到觉悟的境界，首先必须把遮住它眼睛的帷幕拿掉。没有这样的经验，力的眼眸，近视得看不见任何真实的身姿。

有眼无珠、看不见实相的话，恐怖和疑惑，就如阴云一样把一切覆盖。实相看不见，眼眸就自己骗自己了，对对方

177

的东西产生怀疑，起了破坏它的心。这样互相怀疑，不论怎么解释，都不能使情形有所缓和。双方争先恐后，玩弄诡辩之术、奸佞之策，以外交之名，搬上国际政治舞台上演。但是，互相信赖、爱与和解的精神荡然无存的话，不管是什么外交手段，它都会把自己弄得一团乱麻，不可能使紧张的状态得到缓和。

力使人盲目，使沉醉于它的人们，渐渐禁锢在狭隘的视野中而毫无知觉。结果是力想尽所有办法，和知性联合。但是，爱远超力，它渗透入存在的核心，超越有限的知性，只因它就是无限的。没有爱，人们看不见无限连结的关系网，亦即看不见实相。反过来说，没有这无限的连结网，就不可能体验真正的爱。

爱是信赖他人。凡事肯定，凡事包容。爱是生命，因而创造。它所到之处，生命可得，成长可期。你关爱一个动物，它马上变得聪明伶俐。你关爱一棵植物，你能知其所想。爱绝非盲目，它是无限的光源。

力使其自身受限，眼目全盲，实相总不得见。它看见的都为虚妄，而其自身又何尝不是虚妄。它所到之处，俱成虚妄。力只在虚妄的世界中虚假繁荣，终成伪善和虚伪的象征。

结束之前，再重复一下。当我们发现存在相依相关的真理，而互相协力的时候，我们就会意识到事实上我们正走向繁荣。让力和征服的执念死去，让拥抱和宽恕一切的爱恒久地创造、复生吧。爱从对实相的真如观察中汩汩流出，赠给我们重要的教诲。那就是，我们每一个人，我们所有人，不管是善是恶，对人类社会的行为负有一切的责任，我们必须，把妨碍人类福祉和智慧发展的东西，加以改善或把它消除，我们必须为之付出不懈的努力。

主要典籍一览

* 大致依正文中典籍的出现顺序罗列

|《临济录》

《镇州临济慧照禅师语录》。作者义玄，居住于镇州滹沱河畔的临济院，故世称"临济禅师"。本书由其弟子慧然编集，分为上下两卷，有上堂、示众、勘辩、行录、塔记等五篇。

|《法句经》

从佛经摘录出的偈颂集。法救尊者整理古来传诵的佛祖法句，编集出新的《法句经》，从《无常品》到《梵志品》，共计三十三品。《法句经》有《南传法句经》《北传法句经》。

|《长老偈经》

《巴利经藏·小部》中的第八部经，是佛陀的声闻弟子们所诵出的一部诗歌总集。此经在南传上座部佛教国家受到普遍的重视。

|《律藏》《大品》

《律藏》为南传佛教《巴利文大藏经》的其中一部分内容，讲述戒律的制定，记载了佛教初创时期佛陀的事迹及教化情况。《大品》是《律藏》的其中一篇。

|《圣求经》

南传《巴利文大藏经》的《中部经典》第二十六篇。

|《碧严录》

亦称《碧严集》，全称《佛果圆悟禅师碧严录》，是一部注释性的禅宗著作。共十卷。《碧严录》的成书长达二十年，由园悟克勤大师汇编。

|《五灯会元》

中国佛教禅宗史书。二十卷。宋理宗淳祐十二年（1252），一说绍定年间（1228—1233）杭州灵隐寺普济编集。有宋宝祐元年（1253）和元至正二十四年（1364）两个刻本。

|《传灯录》

《景德传灯录》。为宋真宗景德年间（1004—1007）释道原所撰佛教史书。其书集录自过去七佛及历代禅宗诸祖五家五十二世，共一千七百零一人之传灯法系。

|《续传灯录》

编撰于明洪武年间（1368—1398），意在承续北宋《景德传灯录》。三十六卷，目录三卷，明代僧人居顶撰。

|《古尊宿》

《古尊宿语录》，佛教禅僧语录汇编。共四十八卷。中国南宋时期禅僧赜藏主编集。收集了上自南岳怀让，下至南岳下十六世佛照德光，共三十七家禅师的言行。《古尊宿语录》收录的禅师人数不及《五灯会元》的多，但对禅师的言行记述则比较详尽。

《睦州录》

《睦州语录》，《古尊宿语录》第六卷。

《维摩经》

《维摩诘经》，共三卷。是佛教大乘经典，由印度僧人鸠摩罗什（343—413）译成。

《葛藤集》

《宗门葛藤集》。该书为形成于日本江户时期的日本本土佛教禅宗公案集。

《禅林类聚》

刊行于元大德八年（1307）。编纂者为扬州路天宁万寿禅寺善俊及门人智境、道泰。该著记述了自唐至南宋末禅林名衲的行迹语录。问世以后，被禅林奉为教行龟鉴之一。

《无门关》

《禅宗无门关》，南宋无门慧开禅师撰，弥衍宗绍编。无门慧开从诸禅籍中拈提佛祖机缘之公案四十八则，加上评唱与颂而成本书。

《云门录》

《云门匡真禅师广录》，唐代云门文偃撰，守坚编。宋熙宁九年（1076）序刊。

《慈明录》

《慈明禅师语录》，《古尊宿语录》第十一卷。

| 《南泉录》

《南泉普愿禅师语要》，《古尊宿语录》第十二卷。

| 《奥义书》

《奥义书》是印度最古老的一批哲学著作集。婆罗门教各流派发源于它，佛教、耆那教的哲学也深受其影响。《奥义书》最早出现于公元前七世纪。

| 《由谁奥义书》

是早期的原始《奥义书》著作的一种。较早的《奥义书》还有《广林奥义书》《歌者奥义书》等。

| 《叹异钞》

日本净土真宗的经典。为开祖亲鸾（1173—1263）的弟子唯圆所著，记述亲鸾晚年的言行和思想。

| 《过去现在因果经》

阿含部经典。南朝宋时期由僧人求那跋陀罗译成。共四卷。

| 《修行本起经》

阿含部经典。由东汉时期僧人大力（竺大力）和康孟详译成。

| 《大本经》

阿含部经典。汉译《长阿含经·大本经》（第一部第一卷）。

《阿含相应部》

南传上座部佛典，为南传《巴利文大藏经》五部之一。相当于汉译之《杂阿含经》。

《南传大般涅槃经》

南传巴利文《大般涅槃经》是南传佛教三藏中《长部》（又称《长部经典》）的第十六部经。

《无量寿经》

《佛说无量寿经》，净土三经之一。三国时代僧伽跋摩译。经中介绍了阿弥陀佛（无量寿佛）接引众生的大愿，以及极乐世界的景象。

《法华经》

《妙法莲华经》，后秦鸠摩罗什译，共七卷。是天台宗依据的主要经典。

《楞伽经》

《楞伽阿跋多罗宝经》，译名出自南朝宋求那跋陀罗的译本，是禅宗初祖达摩祖师传灯印心的无上宝典。

《给瓦嗒经》

出自南传《巴利文大藏经》中的《长部经典》。

《般若经》

《般若波罗蜜多》，是大乘佛教空宗的主要经典，也是大乘佛教中形成最早的一类经典，由般若部类的众多经典汇编而成。

| 《华严经》

《大方广佛华严经》，是佛教华严宗据以立宗的重要经典。

| 《赵州录》

《赵州从谂禅师语录》，唐代赵州从谂禅师述，门人文远记。

| 《摩诃止观》

天台宗三大部之一，由智𫖮大师(538—597)说,其弟子灌顶记录而成。共十卷。

| 《金刚三昧经》

此经是对佛说法中般若智慧的一个概述。作者佚名，一说此经公元635 年左右源于朝鲜。

| 《阿含经》

北传佛教经典，分四部，包括《长阿含经》《中阿含经》《杂阿含经》和《增一阿含经》，称"四阿含"，是部派佛教根本经典，在公元四至五世纪时由天竺或西域来华高僧诵出并翻译而来。

南传佛教《阿含经》一般称《巴利文大藏经》，分五部，包括《长部经典》《中部经典》《相应部经典》《增支部经典》和《小部经典》。

| 《五祖录》

《法演禅师语录》，《古尊宿语录》第十九至二十二卷。

| 《善慧大士录》

《善慧大士语录》，南朝傅大士编。

| 《南院录》

《南院语要》，《古尊宿语录》第七卷。

| 《六祖坛经》

《六祖大师法宝坛经》。禅宗六祖慧能述，其弟子法海集录，是禅宗的主要经典之一。中国佛教著作被尊称为"经"的，仅此一部。

| 《首山录》

《首山念语录》，《古尊宿语录》第八卷。

| 《投子录》

《投子语录》，《古尊宿语录》第三十六卷。

| 《黄檗录》

《黄檗断际语录》，《古尊宿语录》第二卷。

| 《金刚经》

《金刚般若波罗蜜经》，最早由鸠摩罗什（343—413）译成。唐玄奘亦曾翻译此经。

图书在版编目（CIP）数据

通往世界的禅 / （日）铃木大拙著；高海阳译 . --
北京：北京联合出版公司 , 2021.8（2021.12 重印）
　　ISBN 978-7-5596-5052-8

　　Ⅰ . ①通… Ⅱ . ①铃… ②高… Ⅲ . ①禅宗 Ⅳ .
① B946.5

　　中国版本图书馆 CIP 数据核字 (2021) 第 017592 号

通往世界的禅

作　　者：[日] 铃木大拙
译　　者：高海阳
策划机构：雅众文化
策 划 人：方雨辰
出 品 人：赵红仕
特约编辑：马济园　蔡加荣
责任编辑：夏应鹏
装帧设计：郑　晨

北京联合出版公司出版
（北京市西城区德外大街83号楼9层　　100088）
北京联合天畅文化传播公司发行
山东临沂新华印刷物流集团有限责任公司印刷　　新华书店经销
字数106千字　　1092毫米×787毫米　　1/32　　6印张
2021年8月第1版　　2021年12月第2次印刷
ISBN 978-7-5596-5052-8
定价：48.00元